Birgit De Coster

W0323469

Kinder entdecken Hundertwasser

Die kunterbunte Fundgrube für den Kunstunterricht

Persen Verlag
Horneburg/Niederelbe

Gedruckt auf umweltbewusst gefertigtem, chlorfrei gebleichtem und alterungsbeständigem Papier.

2. Auflage. 2004
Nach der Neuregelung der deutschen Rechtschreibung
© by Persen Verlag GmbH, Horneburg
Alle Rechte vorbehalten
Das Werk und seine Teile sind urheberrechtlich geschützt. Jede Nutzung in anderen als den gesetzlich zugelassenen Fällen bedarf der vorherigen schriftlichen Einwilligung des Verlages.
Hinweis zu § 52 a UrhG: Weder das Werk noch seine Teile dürfen ohne eine solche Einwilligung eingescannt und in ein Netzwerk eingestellt werden. Dies gilt auch für Intranets von Schulen und sonstigen Bildungseinrichtungen.
Gesamtherstellung: Ludwig Auer GmbH, Donauwörth
ISBN 3-89358-**878**-7

Inhalt

VOM SCHÖPFERISCH WISSENDEN ZUM UNWISSENDEN

UNSER WAHRES ANALPHABETENTUM IST NICHT
DAS UNVERMÖGEN, LESEN UND SCHREIBEN ZU KÖNNEN,
SONDERN DAS UNVERMÖGEN,
WAHRHAFT SCHÖPFERISCH TÄTIG ZU SEIN.

DAS KIND BESITZT DIESE SCHÖPFERISCHE FÄHIGKEIT.
DAS SCHEINBAR ANALPHABETISCHE,
SCHEINBAR UNWISSENDE KIND IST GAR NICHT UNWISSEND
UND GAR KEIN ANALPHABET,
SONDERN EIN SCHÖPFERISCH WISSENDER
UND WIRD ERST DURCH UNSER ERZIEHUNGSSYSTEM
ZUM WAHREN ANALPHABETEN,
ZUM SCHÖPFERISCH UNWISSENDEN DEGRADIERT.

DEM ERWACHSENEN, DER UNTER DER SCHÖPFERISCHEN IMPOTENZ
LEIDET, DIE IHM ANERZOGEN WURDE,
BLEIBT NUR DIE MÖGLICHKEIT, SICH AN SEINE EIGENE KINDHEIT
ZURÜCKZUERINNERN UND DORT ANZUKNÜPFEN,
DORT FORTZUSETZEN, WO MAN IHN AUS SEINEN TRÄUMEN RISS,
DIE GAR KEINE TRÄUME WAREN, SONDERN SEINE REALE BASIS,
DIE WURZEL SEINER EXISTENZ, OHNE DIE ER NIE UND NIMMER
WAHRHAFTIG MENSCH SEIN KANN.

HUNDERTWASSER

Salzburg, 7. August 1981

„Das Paradies Hunderwassers ist die Wiederfindung des Abenteuers, des einzigen, das zählt, des inneren Abenteuers."[1]

Wenn man die Bilder Hundertwassers kennt, fällt es einem leichter, dieses Abenteuer zu entdecken. Man braucht nur einen kleinen Anstoß, einen Wink, damit man sich an die Kunst heranwagt. Dann breitet sich das innere Abenteuer vor einem aus und man ist mittendrin ...

Herzlich danken möchte ich den Kindern der KGS Kleingladbach, die freundlicherweise ihre Arbeiten für dieses Publikationsprojekt zur Verfügung gestellt haben.

Birgit De Coster, 2003

1 Mathey, S. 80

1. Begegnung mit Kunstwerken

1.1 Friedensreich Hundertwasser

1928 wird Hundertwasser am 15. Dezember in Wien als Friedrich Stowasser geboren.

1929 stirbt sein Vater.

1934 fertigt er bereits erste Zeichnungen an.

1936 besucht er eine Montessorischule. Sein außergewöhnlicher Sinn für Farben und Formen wird im Zeugnis betont.

1943 malt Hundertwasser erste bewusste Buntstiftzeichnungen nach der Natur. In diesem Jahr werden 69 jüdische Familienangehörige mütterlicherseits deportiert und getötet.

1948 absolviert Hundertwasser das Abitur. Anschließend besucht er die Akademie der bildenden Künste in Wien.

1949 beginnt er mit seinen ausgedehnten Reisen; in Sizilien begegnet er René Brô. Er folgt ihm nach Paris, entwickelt erstmals einen eigenen Stil und nimmt den Namen Hundertwasser an.

1950 malt er gemeinsam mit René Brô zwei Wandbilder in Sainte Mandé. Gleich am ersten Tag verlässt er die Ecole des Beaux Arts.

1952 kehrt er zurück nach Wien und hat seine erste Ausstellung im Art Club Wien.

1953 malt er seine erste Spirale. Ein zweiter Aufenthalt in Paris folgt. Er arbeitet in Brôs Studio in St. Maurice und stellt zum zweiten Mal im Art Club Wien aus.

1954 Erste Ausstellung in Paris bei Paul Facchetti. Hundertwasser entwickelt die Theorie des „Transautomatismus" und beginnt seine Bilder zu nummerieren.

1957 wird die „Grammatik des Sehens" veröffentlicht.

1958 heiratet er in Gibraltar, die Scheidung folgt 1960. Hundertwasser verliest das „Verschimmelungsmanifest gegen den Rationalismus in der Architektur" anlässlich eines Kongresses im Kloster Seckau.

1959 erhält er den Sanbra-Preis bei der Biennale São Paolo. Das „Pintorarium", eine universelle Akademie aller kreativen Richtungen, wird gegründet. Hundertwasser ist Gastdozent an der Hochschule für bildende Künste in Hamburg, die er nach dem Skandal um die „Endlose Linie" zurückgibt.

1960 unternimmt er eine Reise nach Japan. Er feiert einen großen Erfolg bei Kunstausstellung in der Tokyo Gallery. Hundertwasser erhält den Mainichi-Preis.

1962 heiratet er Yuko Ikeweda. Er arbeitet in einem Studio auf der Giudecca in Venedig und hat einen großen Erfolg bei der Biennale in Venedig.

1964 findet die große Retrospektive in der Kestner-Gesellschaft in Hannover statt.

1966 folgt die Scheidung von Yuko Ikeweda. Der erste Hundertwasser-Film von Ferry Radax wird gedreht.

1967 reist er nach Uganda und in den Sudan. In Paris, London, Genf, Berlin finden in Galerien Ausstellungen statt. Hundertwasser hält Nacktrede in München „Für das Anrecht auf die Dritte Haut".

1968 hält er die zweite Nacktrede und verliest das Architekturboykott-Manifest „Los von Loos" in Wien.

CHARLOTTE WAGNER, 2002

1968–1972 baut Hundertwasser sein Schiff „San Giuseppe T" zur „Regentag" um.

© J. Harel, Wien

1969 folgen Museumsausstellungen in den USA.

1971 arbeitet er am Olympia-Poster für München.

1972 wird sein Film „Regentag" präsentiert und erscheint die Graphikmappe „Regentag".
In diesem Jahr stirbt auch seine Mutter. Er demonstriert im Fernsehen für seine Vorstellung von Dachbewaldung und individueller Fassadengestaltung und veröffentlicht das Manifest „Dein Fensterrecht – Deine Baumpflicht".

1973 entsteht die erste Japanische Holzschnittmappe „Nana Hyaku Mizu". Hundertwasser ist damit der erste europäische Maler, dessen Werke von japanischen Meistern geschnitzt werden.

1974 veröffentlicht er das Manifest „Humus Toilette" in München. Er entwirft die Briefmarke „Spiralbaum" für Österreich und leitet hiermit die Serie Moderne Kunst in Österreich ein.
In der Graphischen Sammlung Albertina in Wien wird sein gesamtes Jugendwerk ausgestellt: Friedrich Stowasser 1943–1949.

1975 findet eine Ausstellung im Haus der Kunst in München statt und die Welt-Wanderausstellung beginnt.
Hundertwasser überquert mit der „Regentag" den Atlantik und segelt über die Karibik und den Panama-Kanal in den Pazifik.

1978 entwirft er die „Friedensfahne für das Heilige Land" und veröffentlicht das Friedensmanifest.

1979 werden drei Briefmarken nach seinen Entwürfen für den Senegal gedruckt.

1980 hält er vor dem US-Senat und in verschiedenen amerikanischen und europäischen Städten Vorträge über Ökologie, gegen Kernkraft und für eine natur- und menschengerechtere Architektur.
Am 18. November finden in Washington D. C. der „Hundertwasser Day" und eine Baumpflanzung auf dem Judiciary Square statt.

1981 wird ihm der Große Österreichische Staatspreis verliehen. In seiner Dankrede spricht er gegen Kernkraft und über die „Falsche Kunst". Er erhält den Österreichischen Naturschutzpreis. Hundertwasser wird zum Leiter der Meisterschule für Malerei an der Akademie der Bildenden Künste in Wien berufen.

1982 entwirft er eine Briefmarke für die Kapverdischen Inseln.
Als Architekturdoktor gestaltet er die Fassade der Rosenthal-Fabrik in Selb um. Er entwirft Zungenbärte aus Keramik für das Rupertinum Salzburg und das Poster „Künstler für den Frieden".

1983 entwirft er sechs Briefmarken für die Vereinten Nationen. Der Grundstein für das „Hundertwasser-Haus" in Wien wird gelegt.
Er entwirft die Koru-Flagge für Neuseeland.

1984 nimmt er aktiv an den Aktionen zur Rettung der Hainburger Au teil.

1984 erhält er vom italienischen Staatspräsidenten Pertini den Preis für die schönste Briefmarke, für die 1,20-sFr.-Marke für die UNO Genf.

1986 wird das Hundertwasser-Haus den Mietern übergeben; am Tag der offenen Tür erschienen 70 000 Besucher.
Er entwirft „Uluru – Down under Flag" für Australien und arbeitet an der Brockhaus-Enzyklopädie.

CHARLOTTE WAGNER, 2002

Hundertwasser bekommt den Orden „Officier de l'ordre des Arts et des lettres".

1987 In Österreich erscheint die Sonderbriefmarke Cept Europalia.
Er gestaltet das Plakat für A. Hellers „Luna Luna" und für die Europalia.
Außerdem gestaltet er das Palais des Beaux Arts in Brüssel.
Er entwirft die Neugestaltung der St.-Barbara-Kirche in Bärnach.

1988 übernimmt Hundertwasser Planung und Entwurf zur architektonischen und künstlerischen Gestaltung des Fernwärmewerks Spittelau in Wien. Er gestaltet die österreichischen Autokennzeichen neu und setzt sich für die Beibehaltung der schwarzen Nummerntafeln ein. Außerdem erhält er das Goldene Ehrenzeichen der Stadt Wien und das des Landes Steiermark.

1989 baut er das Modell „Hügelwiesenland".

1990 arbeitet er an Architektur Realisationen: KunstHausWien, Raststätte Bad Fischau, Village beim Hundertwasser-Haus, Textilfabrik Muntlix, Winery Napa Valley in Kalifornien.

1991 wird das KunstHausWien eröffnet.
Er arbeitet an weiteren Architekturprojekten.

1992 entwirft er Telefonkarten für die österreichische Post.
Das „21st Century Clock Monument" wird in Tokio errichtet und es kommt dort zu einer Ausstrahlung der TV-Dokumentation über Hundertwassers Architektur und sein ökologisches Engagement.

1993 arbeitet er am Projekt der Hundertwasser- Bibel.

1994 setzt er sich gegen einen Beitritt Österreichs zur Europäischen Union ein.

1995 arbeitet er am Projekt des Themendorfes Blumau.

1996 wird das von Hundertwasser umgestaltete Donauschiff „MS Vindobona" in Wien eingeweiht und der Tourismuspreis der Wiener Wirtschaft wird ihm verliehen.

1997 entwirft und plant er die Waldspirale von Darmstadt. Seine Briefmarkenentwürfe werden auf der Philathelia in Köln ausgestellt und ihm wird der Große Preis der deutschen Berufsphilatelie verliehen.
Er arbeitet an Entwürfen für das Architekturprojekt MOP für die Stadt Osaka (Japan) und für das Architekturprojekt Hohe-Haine-Dresden sowie für eine Markthalle in der Schweiz.
Einweihung des Hügelwälderlandes in Blumau.

1998 bekommt Hundertwasser den Preis für besondere Verdienste um den Tourismus durch die Vereinigung deutscher Reisejournalisten auf der ITB verliehen.
Hundertwasser entwirft die Pumping Station, Sakishima Island, und das Slugde Center in Osaka.
Desweiteren arbeitet er am Siebdruck-Portfolio „La Giudecca Colorata".

1999 Hundertwasser lebt und malt in Neuseeland und arbeitet weiter an Architekturprojekten.
In Neuseeland arbeitet er an der Erneuerung seines Schiffes „Regentag".
Er entwirft die Gestaltung und das Layout für sein Werkverzeichnis – Catalogue Raisonné.

2000 verfasst er Kommentare zu seinen Werken für das Werkverzeichnis.
Am 19. Februar 2000 stirbt er an Herzversagen und wird auf seinem Land in Neuseeland im Garten der glücklichen Toten unter einem Tulpenbaum begraben.

CHARLOTTE WAGNER, 2002

1.2 Didaktisch-methodischer Kommentar

Die vorliegenden Anregungen für den Unterricht in der Grund- und Sonderschule sind recht vielfältig und stellen keine Unterrichtseinheit im herkömmlichen Sinn dar. Es handelt sich vielmehr um Bausteine. Aus diesen kann jeder Lehrer[2] auswählen, was ihm in seiner Klasse machbar erscheint: Es kann sowohl eine einzelne Stunde herausgegriffen und umgesetzt werden, als auch ein komplettes Projekt rund um Hundertwasser bearbeitet werden. Sinnvoll ist es, die Kinder mit einer der folgenden Unterrichtseinheiten an den Künstler Hundertwasser heranzuführen:

- *Farben erwecken Begriffe zum Leben* (s. S. 15 ff.)
- *Hundertwasser – nur ein Name?!* (s. S. 18 ff.)
- *Reporterarbeit* (s. S. 22 ff.)

Des Weiteren sollte man darauf achten, dass die Methoden wechseln. Das bedeutet z. B., dass nicht mehrere Stunden aufeinander folgen, in denen die Kinder hauptsächlich zeichnen. Außerdem kann man sich natürlich auch von den Ideen der Kinder leiten lassen. Versuchen Sie die Vorschläge Ihrer Klasse einzubeziehen! Die Motivation ist dann wesentlich höher, da die Kinder gerne „mitbestimmen".

Alle vorgestellten Anregungen sind in einer vierten Klasse erprobt worden. Ich halte es aber durchaus für möglich, schon in der zweiten und dritten Klasse damit zu beginnen. Sie kennen Ihre Klasse am besten und wissen, was Sie ihr zutrauen können. Die verschiedenen Vorschläge unterscheiden sich natürlich in ihrem Schwierigkeitsgrad. Das muss so sein, weil die Kinder sich schließlich auch in ihrem Entwicklungsstand unterscheiden. Die Zeitangaben sind folglich nur als Anhaltspunkte zu verstehen. Je nachdem, wie leistungsstark Ihre Klasse ist, kann eine Einheit die Zeit Ihrer Kunststunde mal mehr mal weniger ausfüllen.

Besonders erstrebenswert finde ich einen fächerübergreifenden Unterricht, der sich gerade bei diesem Thema anbietet. Die vorliegenden Vorschläge beziehen sich hauptsächlich auf den Kunstunterricht. Es wird gemalt, gezeichnet, gebaut usw. Es bieten sich jedoch überall Querverbindungen zu anderen Fächern an. Besonders deutlich sieht man das an den Angeboten *Reporterarbeit* (s. S. 22 ff.) und *Lebenslinien* (s. S. 29 ff.). Beide Vorschläge kann man im Deutschunterricht verankern, das zweite auch im Religionsunterricht. Meiner Meinung nach ist die Philosophie Hundertwassers ein wichtiger Aspekt seiner Arbeit, den man nicht ausklammern darf. Deshalb gehört eine Beschäftigung mit seinen Gedanken unabdingbar dazu. Im Übrigen darf guter Kunstunterricht sich nicht auf die praktischen Arbeiten beschränken. Es ist meines Erachtens genauso wichtig über bestimmte Dinge zu sprechen oder sie schriftlich festzuhalten. Ich habe darauf verzichtet alle möglichen Querverbindungen und weiterführenden Gedanken aufzuführen, da diese so vielfältig sind. Jeder Lehrer sollte selbst entscheiden, wo er Schwerpunkte setzt, wo er weiterarbeiten will und wo er noch Ideen beisteuern kann und möchte.

Bevor Sie anfangen zu unterrichten, sollten Sie überdenken, ob Sie das benötigte Material zur Hand haben. Sie finden in dieser Arbeitshilfe sowohl vollständige Materialangaben, als auch alle benötigten Bilder. Manchmal ist es notwendig, Farbkopien oder -folien[3] herzustellen. Als besonders günstig hat es sich erwiesen, einen Satz Postkarten mit Hundertwasser-Motiven zu benutzen. Dieser ist im Buchhandel erhältlich und kostet nicht viel. Auch alte Kalender mit Künstlermotiven lassen sich im Laufe des Jahres preisgünstig erstehen, viele von diesen auch im Postkartenformat. Ebenso hat es den Kindern gut gefallen, dass verschiedene Hundertwasser-Bildbände in der Klasse auslagen, die man u. a. auf Flohmärkten und im modernen Antiquariat preisgünstig erstehen kann, und in denen die Kinder blättern konnten. Je mehr Werke die Kinder betrachten, desto eher vertieft sich auch der Eindruck, den sie von Hundertwasser haben, da sie sich fast unbewusst mit seinem Stil beschäftigen. Außerdem sind in jeder guten Bücherei Werke über Hundertwasser zu finden. Leihen Sie diese für die Dauer der Unterrichtsreihe aus! Schließlich kann man auch die Eltern einbeziehen. Erfahrungsgemäß bringen die Kinder gerne etwas in die Schule mit, um es den anderen zu zeigen.

Zusätzlich zu diesen Medien sollten die Kinder verschiedene Lernspiele zur Verfügung haben,

2 Selbstverständlich sind auch Sie, liebe Kollegin, immer mitgemeint.

3 Alle benötigten Bilder für Ihren Unterricht sind auch als Foliensatz erhältlich: Kinder entdecken Hundertwasser. Foliensatz. ISBN 3-89358-**879**-5

die sie in Freiarbeitsphasen benutzen können. Der Vorschlag „Hundertwasser für die Freiarbeit" (s. S. 62 ff.) bezieht sich auf solches Material. Hier benötigen Sie einige farbige Bilder (Postkarten), die zerschnitten werden dürfen. Die Herstellung erfordert etwas Zeit und Geschick. Doch einmal hergestellt, kann man die Spiele immer wieder verwenden.

Jede Stunde sollte mit einer Hinführung beginnen, in der deutlich wird, worum es geht, welche Schwerpunkte gesetzt werden sollen und worauf man achten soll. Diese Hinführungen können ganz unterschiedlich aussehen. Man kann ein Bild betrachten, einen Text lesen, ein Unterrichtsgespräch führen oder einfach nur einem (stummen) Impuls folgen. Den Abschluss einer jeden Stunde bildet eine Reflexionsphase, in der auf das eingegangen wird, was erarbeitet wurde. Eine gute Reflexion darf sich aber nicht darauf beschränken eine Arbeit als „gut" oder „schlecht" zu bewerten. Hier geht es vielmehr darum, alle Arbeiten zu würdigen, Unterschiede zwischen den verschiedenen Ergebnissen hervorzuheben und zu begründen. Natürlich können auch Tipps gegeben werden, wie etwas verbessert werden kann. Hier sind zum einen sachliche, eigene Formulierungen gefordert, aber auch die Fachsprache, an die die Kinder mehr und mehr herangeführt werden sollen.

Schließlich sollten Sie sich überlegen, wie man die fertigen Werke der Kinder präsentieren kann. Die Kinder sind natürlich stolz auf ihre Arbeiten und wollen sie zeigen. Sicherlich kann man sie in der Klasse oder im Flur aufhängen. Doch vielleicht organisieren Sie mit Ihrer Klasse auch eine „Hundertwasser-Ausstellung" in der Schule, sodass andere Klassen möglichst von den Ergebnissen profitieren können und auch die Eltern einmal sehen, was ihre Kinder so alles gemacht haben. Denkbar ist eine „offizielle" Ausstellung mit Plakaten, Einladungen, Ausstellungseröffnung usw.

Auch ein Museumsbesuch bietet sich an. Planen Sie mit Ihrer Klasse einen Besuch im Museum! Viele Museen bieten spezielle Führungen für Kinder bzw. Schulklassen an. Auch wenn es kein Hundertwasser-Bild zu besichtigen gibt, lohnt sich ein Besuch. Man kann z. B. fragen, welche Bilder denen von Hundertwasser nahe kommen oder welcher Künstler ähnliche Farben oder Motive gewählt hat. Natürlich kommen hier auch alle anderen Aspekte eines Museumsbesuchs zur Geltung, die hier aber nicht näher erläutert werden sollen.

„Das ist die Macht der Kunst. Hundertwasser bietet eine verblüffende und fesselnde Art, sie einzusetzen: zunächst um zu leben, anstatt einfach zu existieren, und dann, um immer besser zu leben. Der Maler-König mit den fünf Häuten versteht die Welt als ein immer schöner werdendes Bild. Er setzt der unerbittlichen, galoppierenden Technik das einfachste und sicherste Heilmittel entgegen: das ewige Glück der Schönheit. Es liegt an uns, sie zu entdecken; den Schlüssel dazu hat er uns an die Hand gegeben: Alles kommt von der Kunst und kehrt zu ihr zurück."[4]

Hundertwassers Werk ist sehr umfassend, da es neben Malerei und Architektur auch Ökologie und Philosophie einschließt, weshalb diese vier Bereiche auch miteinander verknüpft gesehen werden müssen. So schließt das vorliegende Buch auch keinen dieser Bereiche aus, es werden jedoch aufgrund der mit diesen Ideen angesprochenen Lerngruppen Schwerpunkte gesetzt. Die Malerei und die Architektur sind die Bereiche, die für Kinder im Grundschulalter besonders ansprechend sind und einen kreativen und fantasievollen Umgang nahe legen. Hundertwassers Werke sind nicht nur besonders farbenfroh, sondern erlauben es Kindern auch, ohne langatmige Erklärungen angenommen zu werden. Deshalb steht eine Begegnung mit seinen Bildern und Gebäuden im Mittelpunkt der beschriebenen Unterrichtsreihe. Philosophie und Ökologie klingen zwar hin und wieder einmal an, treten aber stark in den Hintergrund.

Die Eigenart in der Malerei Hundertwassers besteht darin, dass er sich den vorherrschenden Strömungen seiner Zeit zu widersetzen versuchte. Er suchte seinen eigenen Weg. So griff er zwar auf das zurück, was ihn bei Egon Schiele fasziniert hatte, und lehnte sich auch an Paul Klee an, der eine Art naive Weltsicht des Kindes in seinen Bildern zeigte. G. Sello nannte es „Kinder- und Jugendstil"[5], weshalb sich wohl auch Kinder von seinen Werken angesprochen fühlen. Sie erkennen die Art, die Welt zu sehen unbewusst als ihre eigene wieder. Doch er fügte dem Ganzen seine eigene Philosophie hinzu: In der eigenen Malerei muss man leben können. „Für mich sind Bilder Tore, die ich – sofern es mir gelingt – in eine andere Welt eröffnen kann, die uns zugleich sehr nah und sehr fern ist."[6] Das Fantastische dieser Philosophie

4 Restany, S. 95
5 Sello in: Hundertwasser. KunstHausWien, S. 38
6 Hundertwasser in: Rand, S. 36

CHARLOTTE WAGNER, 2002

fasziniert Kinder, die auch Welten malen, die eher den Träumen als der Wirklichkeit entnommen sein könnten. Deshalb können sie sich auch besonders gut in Hundertwassers Bilder „hineinträumen".
Hundertwasser benutzte viele kräftige Farben und setzte Kontraste, indem er Komplementärfarben nebeneinander setzte. „Das Figurative, die Konstruktion, die Abstraktion sind nicht Hundertwassers Sache: Der ist ein Künstler der Farbe."[7] Dabei scheint es für Hundertwasser keine Regeln gegeben zu haben. Er setzte die Farben geradezu instinktiv ein. Ebenso typisch für Hundertwasser ist, dass er die Farben schwarz absetzte, um die Farbwirkung zu verstärken: es entsteht so eine Art Leuchteffekt, der einen hohen Wiedererkennungswert hat.
Diese typischen Aspekte seiner Arbeit bieten sich für eine kindgerechte Auseinandersetzung an. Indem die Kinder seine Bilder betrachten und auf sich wirken lassen, wird ihre Wahrnehmung sensibilisiert. Sie erfahren, dass Bilder Stimmungen und Gefühle ausdrücken können. Hier ist es daher wichtig, dass möglichst viele Bilder des Künstlers betrachtet werden können.
An diese und andere Erfahrungen mit Farben und farbigem Material knüpfen die beschriebenen Gestaltungsaufgaben an. Die Kinder setzen sich mit den Werken Hundertwassers aktiv auseinander, indem sie das, was sie bei der Betrachtung der Bilder kennen gelernt und erlebt haben, in ihren eigenen Bildern umzusetzen versuchen. Ausgehend von den farbigen Werken Hundertwassers werden verschiedene Arten der Gestaltung erprobt. Großflächiges, dekoratives Malen steht im Vordergrund, ist aber nie losgelöst von einem inhaltlichen Schwerpunkt. So wird z. B., bevor die Kinder mit Zuckerkreide malen, zunächst das Motiv „Spirale" thematisiert. Da diese in Hundertwassers Werk häufig vorkommt, verdient sie besondere Beachtung. Sie ist ein faszinierendes Motiv, nicht nur für Kinder. Die Kinder sollen sich mit diesem typischen Merkmal in Hundertwassers Bildern auseinander setzen. Dabei können sie erkennen, dass Hundertwasser niemals eine mathematisch exakte Spirale malte, weshalb sie um so interessanter wirkt. Sie wird „[...] von einer unregelmäßig wachsenden und oft auswuchernden Linie gebildet, deren Bewegung sich in zwei Richtungen, nach innen und nach außen, lesen lässt, die sich Welt aneignet und einverleibt und sich dabei doch immer nur selbst umspielt und beschützt [...]"[8]. Weil sie so unregelmäßig und freihändig gemalt wurde, kommt sie der kindlichen Schaffensweise entgegen.
Auch die Zwiebeltürme, die in Hundertwassers Architektur vorkommen, hängen mit der Spirale zusammen. Die umfassende verbale Deutung des Spiral-Motivs ist für Kinder natürlich zu abstrakt und zu kompliziert – zumal die Spirale für Hundertwasser einen fast religiösen Charakter hatte. Doch in der Auseinandersetzung mit dem Motiv, wenn sie die Spirale betrachten, beschreiben und selbst versuchen eine zu malen, bekommen sie ein Gefühl für die Faszination, die von ihr ausgeht.
Die „Bezauberung", die von dem gesamten Werk Hundertwassers ausgeht, erleichtert Kindern den Zugang zu künstlerischen Objekten. So wird die unterrichtliche Auseinandersetzung mit seinem Werk legitimiert. Im Unterricht lernen die Kinder einen Künstler kennen, der einzigartig ist, und setzen sich mit ihm auseinander. Sie finden bei ihm Ästhetisches, aber auch den im Eingangszitat erwähnten „Schlüssel", um eben diese Schönheit entdecken zu können. Während die Kinder diese Entdeckung machen, lernen sie automatisch viele von Hundertwassers Werken kennen, wobei sie bestimmte Aspekte wie z. B. die Spirale wieder entdecken. Sie ist neben der einzigartigen Farbigkeit ein Stilmittel, an dem die Kinder einen „Hundertwasser" in ihrer Alltagswirklichkeit (z. B. im Wartezimmer des Arztes) erkennen können. Der Stolz darüber, anderen dann ihr Wissen präsentieren zu können, wirkt sich sehr motivierend auf Kinder aus sich immer mehr mit Kunst zu beschäftigen.

Begleitend oder abschließend können die Kinder sich ihr eigenes „Hundertwasser-Buch" (s. S. 12–14) erstellen.
Hierzu kopieren Sie die oben angegebenen Seiten und heften diese anschließend zusammen. Nun können die Kinder ihr „Hundertwasser-Buch" gestalten.

CHARLOTTE WAGNER, 2002

7 Mathey, S. 10

8 Hundertwasser. KunstHausWien, S. 38

Friedensreich

Hundertwasser

Maler • Architekt • Naturschützer • Philosoph

*** 15. 12. 1928 in Wien**
† 19. 02. 2000 während einer Schiffsreise von Neuseeland nach Europa

Charlotte Wagner, 2002

Hundertwasser wurde 1928 in Wien als Friedrich Stowasser geboren.
Er malte schon als Kind sehr gerne.

1952 hatte er seine erste Ausstellung in Wien.
Er malte bunte Bilder in kräftigen, leuchtenden Farben. Besonders gerne malte er Spiralen.

Zeichnung: Charlotte Wagner, 2002

1968 kaufte er ein Boot und nannte es *Regentag*. Hier lebte und arbeitete er von nun an.

1980 begann er mit der Arbeit am Hundertwasser-Haus in Wien. Es war ihm wichtig, dass seine Häuser zur Natur passten.

Charlotte Wagner, 2002

Hundertwasser – der Architekt

Hundertwasser fände dieses Haus sicher langweilig:

Gestalte es um, sodass es auch Hundertwasser gefallen würde.
Wie würde der Naturfreund Hundertwasser die Umgebung gestalten? Überlege und male dann.

Charlotte Wagner, 2002

Zeitreise

Wenn ich eine Zeitreise machen könnte, würde ich Hundertwasser auf seinem Schiff *Regentag* besuchen und ihn fragen, …

Außerdem würde ich ihm erzählen, was ich besonders gerne an ihm und seinen Arbeiten mag:

Charlotte Wagner, 2002

Hundertwasser – der Maler

Hieran erkenne ich die Bilder von Hundertwasser:

- Er verwendete keine geraden Linien.
- Er malte selten große Flächen in einer Farbe.
- Er malte gerne Spiralen und Labyrinthe.
- Er benutzte Schwarz, um die Leuchtkraft der Farben zu unterstützen.
- Er malte gerne mit vielen verschiedenen Farben.

Diese Farben benutze Hundertwasser besonders gerne:

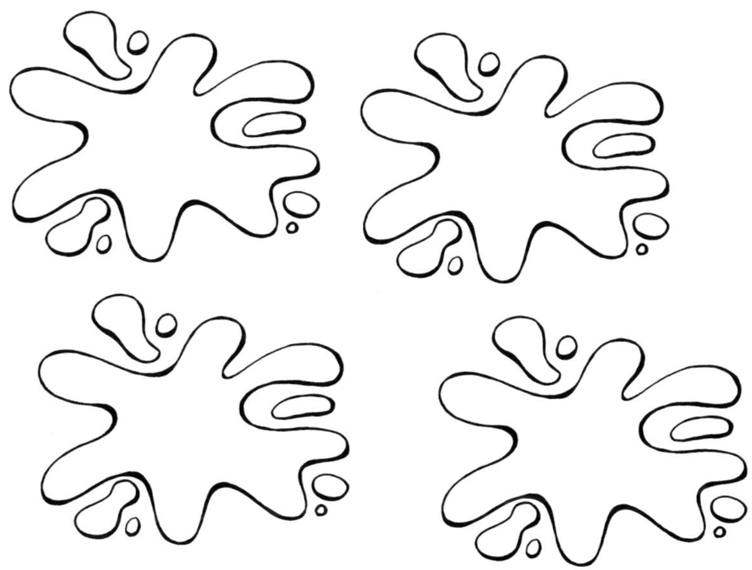

Charlotte Wagner, 2002

Mein Lieblingsbild von Hundertwasser

Es heißt: ______________________________

Charlotte Wagner, 2002

Farben erwecken Begriffe zum Leben

Erstellung einer Collage zu dem Künstlernamen

Medien:

- beschriftete Papierstreifen für die Tafel (s. S. 16/17)
- für jedes Kind zwei längs halbierte DIN-A4-Blätter
- dicker, schwarzer Filzstift
- Wolle, Stoff usw.
- bunte Papierreste, evtl. kleine Bilder
- Klebeband, Klebstoff
- Wasserfarben, Pinsel
- schwarzes Tonpapier (DIN-A3-Format)

Zeitbedarf: 2 bis 3 Unterrichtsstunden

Thema und Intention

Diese Unterrichtseinheit eignet sich besonders gut als Einstieg in die Unterrichtsreihe, wenn die Kinder den Maler nicht kennen. Die Kinder beschäftigen sich hier ausschließlich mit seinem Künstlernamen, ohne zu wissen, dass es sich um den bzw. einen Namen handelt. So nähern sie sich handlungsorientiert und spielerisch seinem Stil bzw. experimentieren mit Farben und Formen.
Die Arbeitsergebnisse sollten großformatig angelegt werden und bestechen durch die unterschiedlichen Kombinationen der Wörter und Farben.

Ziele

- zu vorgegebenen Begriffen frei assoziieren
- Assoziationen mittels Farben und Formen umsetzen und in einer Collage festhalten
- mögliche Anordnungen der Bilder ausprobieren und sich begründet für eine entscheiden

CHARLOTTE WAGNER, 2002

Mögliche Vorgehensweise

Die Kinder sitzen im Halbkreis vor der Tafel. An der Tafel hängen vier Papierstreifen, die jeweils mit einem „Begriff“ beschriftet sind:

Friedensreich	**Hundertwasser**
Regentag	**Dunkelbunt**

Die Kinder äußern sich dazu: Was bedeuten bzw. beinhalten die Begriffe? Da es keine richtigen und falschen Antworten gibt, sind die Ideen der Kinder recht vielfältig. Man sollte sie bewusst dazu ermuntern, ihrer Fantasie freien Lauf zu lassen und alle Assoziationen zu nennen und zu erklären.
In einem nächsten Schritt sollen die Kinder überlegen, wie man die vielen Vorstellungsbilder ohne Worte, dafür mit Farben und Materialien darstellen könnte. An der Tafel wird das beispielhaft erarbeitet:
Es liegen mehrere Stoff- und Wollreste bereit, ebenso einige kleine Bilder und farbige Zettel, die die Kinder nun zuordnen sollen. Dabei sollen sie nach Möglichkeit begründen, warum sie welches Stück für den jeweiligen Namen ausgewählt haben. Am schwierigsten ist wohl der Begriff „Friedensreich“, weil er so abstrakt ist. Die anderen drei Begriffe bereiten hingegen kaum Schwierigkeiten.
Die einzelnen Stoff- oder Wollreste bzw. die kleinen Zettel werden um den einzelnen Namen herum angeheftet. So entstehen ansatzweise bunte Streifen, die in ihrer Gestaltung mit dem Inhalt des jeweiligen Begriffs korrespondieren.
Nun erhält jedes Kind vier Papierstreifen (längs halbierte DIN-A4-Blätter), auf die es mit einem dicken, schwarzen Filzstift jeweils einen der vier „Begriffe“ schreibt. Die Kinder gestalten diese Streifen nach Belieben mit Wolle, Stoff, verschiedenen Papieren und Farben bunt. Es sollte möglichst kein weißer Fleck mehr zu sehen sein.

Am Ende werden die Streifen „arrangiert“, d. h. jedes Kind überlegt, wie es seine Streifen aneinander bzw. nebeneinander kleben möchte. Hier ist es wichtig, dass verschiedene Möglichkeiten wirklich ausprobiert werden, um die Wirkung sehen zu können.
Als Hintergrund dient das schwarze Tonpapier. Nachdem die bunten Streifen darauf geklebt worden sind, erkennt man den typischen „Leuchteffekt“.

Eine abschließende Reflexionsphase sollte thematisieren, wie einzelne Kinder die Begriffe gestaltet haben. Gibt es Ähnlichkeiten zwischen verschiedenen Arbeiten? Worauf ist das zurückzuführen? Welcher Begriff war besonders schwierig umzusetztzen?

CHARLOTTE WAGNER, 2002

Mögliches Tafelbild

Friedensreich	Hundertwasser	Regentag	Dunkelbunt
Garten	Wellen	Tropfen	freie Formen
Friedhof	Fluss	Blitze	kräftige Farben
freundliche Farben	blau	blau, grau	...
...	...	...	

CHARLOTTE WAGNER, 2002

Hundertwasser – nur ein Name?!

Kennenlernen des Künstlers

Medien:

- Foto des Künstlers (s. S. 20)
- Arbeitsblatt „Friedensreich Hundertwasser" (s. S. 21)
- verschiedene Hundertwasser-Bilder
- Notizzettel

Zeitbedarf: 1 bis 2 Unterrichtsstunden

CHARLOTTE WAGNER, 2002

Thema und Intention

Nachdem die Kinder sich mit den Begriffen Friedensreich, Hundertwasser, Regentag und Dunkelbunt beschäftigt haben (s. S. 15 ff.), sollen sie in dieser Stunde die Verbindung zu dem Künstler herstellen, der sich diesen Namen gegeben hat. Außerdem sollen sie einige Informationen über ihn erhalten (s. S. 21), um ihn besser kennen zu lernen.

Ziele

- Vermutungen anstellen über den Zusammenhang zwischen dem Künstlernamen und dem Stil und diese versprachlichen
- einem Text Informationen entnehmen
- Informationen auf einen aussagekräftigen Satz reduzieren

Mögliche Vorgehensweise

An der Tafel hängt ein Foto von Friedensreich Hundertwasser. Erklären Sie: „Das ist Friedensreich Hundertwasser Regentag Dunkelbunt." Die Kinder sind meist erstaunt, dass jemand so heißen kann. Sie äußern sich spontan dazu, stellen Vermutungen an, warum er so heißt usw. Wahrscheinlich stellen die Kinder selbst die Verbindung zu ihren eigenen Bildern her, die sie in der letzten Stunde angefertigt haben (s. S. 15 ff.). Haben diese etwas mit dem Maler zu tun? Wie sehen seine Bilder aus? Im Unterrichtsgespräch stellen die Kinder Vermutungen darüber an, was Hundertwasser malte, welche Farben er benutzte usw.
Zeigen Sie den Kindern jetzt einige Werke von Hundertwasser (z. B. S. 27 f.). Die Kinder erkennen schnell einen Zusammenhang zu ihren eigenen Bildern. Man sollte natürlich darauf achten, dass sie diese Vergleiche angemessen versprachlichen. Wichtig ist auch, dass die Gemälde nicht nur als „bunte Bilder" betitelt werden. Den Kindern muss klar sein, dass Hundertwasser sich selbstverständlich etwas bei seiner Arbeit gedacht hat – so wie auch die Kinder überlegt haben, wie man Begriffe farblich gestalten kann (s. S. 15 ff.). Dieser Aspekt darf auf keinen Fall zu kurz kommen.
Die Fragen, die sich im Unterrichtsgespräch zum Künstler ergeben, werden an der Tafel

festgehalten. Die Kinder sind meist an persönlichen Informationen interessiert, wie etwa dem Wohnort, ob er Kinder hat o. Ä.
Nun wird das Arbeitsblatt „Friedensreich Hundertwasser“ (s. S. 21) verteilt. Nachdem alle den Text gelesen haben (je nach Belieben leise oder laut), können Sie im Unterrichtsgespräch weitere Informationen zur Künstlerbiografie beisteuern. Das Arbeitsblatt selbst (s. S. 21) gibt das Leben Hundertwassers nur in sehr groben Zügen wider. Sie sollten den Kindern verdeutlichen, dass es viele Ereignisse in Hundertwassers Leben gab, die in diesem Text – aufgrund der Zielgruppe – unerwähnt blieben. Zeigen Sie den Kindern nach Möglichkeit viele Werke, denn Kinder prägen sich diese wesentlich besser ein als trockene Daten.

Auf einige Punkte sollte man besonders eingehen:

- Was unterscheidet Hundertwasser von anderen Malern, die du kennst?
- Warum mochten einige Leute ihn eventuell anfangs nicht?
- Was gefällt dir an seinem Leben und was nicht?
- Kannst du erklären, warum er so viele leuchtende Farben benutzt hat?

Als Abschluss bitten Sie die Kinder einen Satz zu formulieren, der ihrer Meinung nach Hundertwasser gut beschreibt. Jedes Kind schreibt seinen Satz auf ein kleines Notizblatt. Diese Blätter werden um das Foto herum zu einem Poster zusammengeklebt.

CHARLOTTE WAGNER, 2002

Friedensreich Hundertwasser in einem selbst entworfenen, wendbaren Anzug
für einen Beitrag in der Vogue, Paris, November 1982
Foto: Mag. Pedro Kramreiter

Friedensreich Hundertwasser

Friedensreich Hundertwasser Regentag Dunkelbunt hieß eigentlich Friedrich Stowasser.
Er wurde 1928 in Wien, der Hauptstadt Österreichs geboren.

© J. Harel, Wien

Schon als Kind malte er gerne, deshalb machte er die Malerei zu seinem Beruf. Er lernte die Werke anderer Maler kennen und reiste sehr viel.
Seine Bilder fielen vor allem wegen der kräftigen, leuchtenden Farben auf, die er benutzte.
Außerdem malte er sehr oft eine Spirale, die fast schon zu seinem Kennzeichen geworden ist.
1968 kaufte Hundertwasser ein altes Boot, das er in Stand setzte und dem er den Namen *Regentag* gab. Er lebte und arbeitete auf diesem Boot und segelte damit in entfernte Länder.
Er war aber nicht nur Maler, sondern er entwarf auch Häuser.
1980 begann er schließlich mit dem Hundertwasser-Haus in Wien, das heute sehr berühmt ist.
Hundertwasser war auch Umweltschützer und Philosoph. Seiner Meinung nach müssten viel mehr Bäume gepflanzt werden, auch auf Hausdächern.
Hundertwasser ist einer der berühmtesten Künstler unserer Zeit. Seine Bilder hängen in vielen privaten und öffentlichen Ausstellungen überall auf der Welt.
Im Jahr 2000 ist Friedensreich Hundertwasser während einer Schiffsreise gestorben.
Er liegt in Neuseeland im Garten der glücklichen Toten unter einem Tulpenbaum begraben.

Charlotte Wagner, 2002

Reporterarbeit

Sammeln von Informationen rund um Hundertwasser

Medien:

- Kassettenrekorder und Mikrofon
- Notizblock und Stift
- Fragebogen (s. S. 24)
- Bilder bzw. Postkarten von Hundertwasser

Zeitbedarf: 2 Unterrichtsstunden

CHARLOTTE WAGNER, 2002

Thema und Intention

Diese Stunde kann eine Alternative zum vorhergehenden Vorschlag (s. S. 18 ff.) sein oder aber auch dessen Fortführung. Das hängt zum einen von der vorgesehenen Dauer der Unterrichtsreihe ab und auch von der Motivation bzw. dem Eifer der Kinder.

Ziele

- überlegen, wo man sich Informationen zu Hundertwasser besorgen könnte
- Fragenkatalog erarbeiten
- Ergebnisse der Recherche im Klassenverband auswerten

Mögliche Vorgehensweise

Kommen Sie mit einem Notizblock, einem Stapel Postkarten mit Hundertwassermotiven und einem Kassettenrekorder (am besten mit Mikrofon) in die Klasse und erklären Sie: „Ich bin heute einmal Reporter." Dieser Impuls reicht im Allgemeinen aus, um die Kinder darüber ins Gespräch zu bringen, was dieser Reporter herausfinden will bzw. wen er interviewen will. Recht schnell wird im Unterrichtsgespräch klar, dass es natürlich um Hundertwasser geht.

Gemeinsam wird überlegt, wo man sich als Reporter mehr Informationen über Hundertwasser beschaffen könnte. Schnell nennen die Kinder die verschiedenen Möglichkeiten: Büchereien, Buchhandlungen, Bücherbestand der Eltern und Bekannten oder auch das Internet. Über diese Quellen kann man eine Menge Sachinformationen finden, z. B.:

- Wie lautet sein vollständiger Name?
- Wann ist er geboren und gestorben?
- Hat er außer malen noch etwas gemacht?
- Wo kann man seine Arbeiten sehen bzw. besichtigen?

  …

Vermutlich machen die Kinder auch den Vorschlag Erwachsene, z. B. Passanten oder Nachbarn, zu befragen. Hier sollte mit den Kindern herausgearbeitet werden, dass man bei solchen Interviews eher eine Art Meinungsumfrage macht.

Beide Arten der Informationsbeschaffung werden von den Kindern nun praktiziert.
Man kann die Klasse in Gruppen aufteilen, sodass die einen nach verlässlichen Sachinformationen suchen, während die anderen Interviews durchführen.
Gemeinsam wird überlegt, was man jeden fragen könnte, auch wenn er Hundertwasser nicht kennt. Die Lösung liegt nahe: Man nimmt eine Postkarte mit einem Hundertwasser-Motiv mit und befragt die Leute zu dem Bild. Die Klasse erstellt dazu einen Fragenkatalog. Die Kinder können sich die Fragen notieren, die von der Klasse als wichtig erachtet werden:

- Weißt du, wer dieses Bild gemalt hat?
- Was ist typisch für diesen Künstler?
- Was weißt du über diesen Maler?
- Gefällt dir das Bild? Warum (nicht)?
- Welchen Titel würdest du dem Bild geben?

  …

Alternativ kann auch der „Fragebogen" (s. S. 24) benutzt werden.

Da die Arbeit mit einem Mikrofon für die Kinder sehr reizvoll ist, sollten sie auch die Möglichkeit haben, es einzusetzen.
Nach einigen Tagen werden die Ergebnisse gesichtet. Die Kinder erzählen von ihren Erfahrungen und zeigen, was sie gefunden haben bzw. spielen vor, was sie auf Band aufgenommen haben … Die mitgebrachten Dinge bekommen einen festen Platz in der Klasse. Diese „Hundertwasser-Ausstellung" kann laufend ergänzt werden.
Die Ergebnisse werden zusätzlich im Unterrichtsgespräch ausgewertet. An der Tafel werden die Ergebnisse in Stichpunkten festgehalten:

- Wie bekannt ist Hundertwasser? (evtl. Strichliste)
- Was verbinden die Befragten mit ihm?
- Wie beliebt sind seine Bilder und warum?

In einem weiteren Schritt kann man nun fragen, was man tun kann, um Hundertwasser besser kennen zu lernen bzw. um seinen Bekanntheitsgrad zu steigern. Die Ideen der Kinder werden vielfältig sein und sollten nach Möglichkeit in den folgenen Unterrichtseinheiten berücksichtigt werden.

CHARLOTTE WAGNER, 2002

Mögliche Vorgehensweise

Zeigen Sie den Kindern Hundertwasser-Bilder, die die typischen Spiral-Motive aufweisen (s. S. 27 f.). Lenken Sie durch einige Impulse das Augenmerk der Kinder auf die sich immer wiederholenden Kompositionselemente. Das kann z. B. geschehen, indem sie mit dem Finger einen „Weg" in Kreisform nachfahren oder auf markante Stellen deuten, die sich in den Bildern gleichen. Es ist natürlich durchaus auch legitim, direkte Fragen zu stellen:

- Siehst du gerade Linien?
- Warum ist das (k)eine Spirale?
- Welche konkreten Dinge siehst du?

Die Kinder erkennen und erklären die Komposition im Rahmen ihrer Möglichkeiten.
Die Ergebnisse werden an der Tafel notiert:

- keine geraden Linien oder geometrische Formen
- viele Farben
- keine großen Flächen in einer Farbe
- keine bzw. wenige Gegenstände
- Spirale oder Labyrinth
- an einer oder mehreren Stellen unterbrochen
- nicht gleichmäßig

Nachdem die Kinder sich diese Merkmale noch einmal in Ruhe durchgelesen haben, fertigt jeder eine Skizze an, um ein eigenes Bild zu malen. Hier ist die Anforderung ein Spiral-Motiv zu entwerfen. Es fällt vielen Kindern dabei schwer sich von real existierenden Dingen als Motiv zu lösen.

Weisen Sie die Kinder daraufhin, dass die Linien in der Skizze nicht zu dicht beieinander liegen, denn die Linien aus Zuckerkreide sind recht breit. Zu kleine Bildelemente sind nur schwer darstellbar.
Die Kreide wird aus dem Zuckerwasser genommen, auf Teller gelegt und an die Kinder verteilt. Jedem Kind sollten alle Farben zur Verfügung stehen, deshalb bietet es sich an, an Gruppentischen zu arbeiten.
Die übrig gebliebene Zuckerkreide wird in eine gut verschließbare Dose gelegt und kann auch an folgenden Tagen noch benutzt werden.
Wenn die Bilder fertig sind, sollten die Kinder zu einer Reflexion noch einmal zusammenkommen (evtl. im Sitzkreis). „Welches Bild gefällt dir gut?" Die Kinder sollen nicht nur auf ein Bild deuten, sondern auch versprachlichen, was ihnen gerade an diesem Bild gefällt. Nach Möglichkeit sollen die Argumente mit den zuvor erarbeiteten Kriterien korrespondieren.

Hundertwasser (405) Sonne über Tibet, 1959
© J. Harel, Wien

Hundertwasser (433) Das Ich weiß es noch nicht, 1960
© J. Harel, Wien

Lebenslinien

Malen mit Wachsmalstiften

Medien:

- Arbeitsblatt „Die Linie des Lebens“ (s. S. 31)
- Karten mit Gedankenanstößen (s. S. 32 ff.)
- DIN-A3-Papier
- Wachsmalstifte
- Bleistifte
- evtl. meditative Musik

Zeitbedarf: 2 Unterrichtsstunden

Thema und Intention

Auch mit – oder gerade mit – Kindern kann man „philosophisch“ arbeiten. Der folgende Text eignet sich hervorragend dazu. Man sollte sich nicht davor scheuen, diese Stunde zu halten.

Im Zusammenhang mit dem Religionsunterricht bietet sich dieses Thema übrigens geradezu an, im Gottesdienst am Ende eines Schuljahres thematisiert zu werden. Schließlich trennen sich gerade für die Kinder der vierten Schuljahre durch den anstehenden Schulwechsel die Wege.

Ziele

- sich auf den Text einlassen und das Symbol der „Lebenslinie“ auf das eigne Leben beziehen
- über den bisherigen und zukünftigen Lebensweg reflektieren
- den Text bildnerisch gestalten
- sich zu konkreten Fragestellungen schriftlich äußern und diese Texte an geeigneter Stelle in das Bild einfügen

CHARLOTTE WAGNER, 2002

Mögliche Vorgehensweise

Die Kinder wissen bereits, dass Hundertwasser auch ein Philosoph war. Bisher haben sie sich aber noch nicht mit einem seiner Texte befasst. Das soll nun in dieser Stunde geschehen.
Die Kinder sollten den Text vom Arbeitsblatt „Die Linie des Lebens" (s. S. 31) Stück für Stück kennen lernen. Am besten geeignet erscheint es mir, wenn Sie ihn zunächst vortragen. Gliedern Sie ihn in kurze Absätze, die sofort erklärt und besprochen werden können.
Nun überlegen die Kinder, was ihren bisherigen Lebensweg ausgemacht hat, wie sie ihren momentanen Weg empfinden: beschwerlich, steil, voller Überraschungen, übersichtlich ... Welche Wege wünschen sie sich in Zukunft? Wie weit können sie vorhersehen?
Lesen Sie im Anschluss an das Unterrichtsgespräch den Text noch einmal langsam Stück für Stück vor. Vielleicht lassen Sie dazu auch stille, meditative Musik laufen? Während Sie das tun, versuchen die Kinder, den Text in ein Bild umzusetzen. Die DIN-A3-Blätter und die Wachsmalstifte sollten dafür schon bereitliegen. Räumen Sie Ihren Kindern bei der Gestaltungsaufgabe größtmögliche Freiheit ein!
Wenn der Text – soweit möglich – gemeinsam erarbeitet und selbstständig gestaltet wurde, wird er an die Kinder verteilt. Jeder soll ihn nun noch einmal in Ruhe lesen können.
Die Kinder sollen versuchen, ihre Gedanken auf dem von ihnen gestalteten Blatt aufzuschreiben. Da diese Aufgabe äußerst anspruchsvoll ist, kann man nicht davon ausgehen, dass die Kinder diese alleine bewältigen können. Hängen Sie deshalb als Hilfestellung Karten mit so genannten Denkanstößen (s. S. 32 ff.) an verschiedenen Stellen der Klasse auf. Diese greifen die Fragestellungen des vorangegangenen Unterrichtsgesprächs noch einmal auf. Je weiter die Karten voneinander entfernt hängen, desto besser. Vielleicht können Sie ja auch den Flur mitbenutzen. Die Kinder verlassen dann ihren Platz, gehen zu einer Karte hin, lesen die Frage und machen sich ihre Gedanken dazu. Sie machen sich im wahrsten Sinne des Wortes „auf den Weg". Zurück an ihrem Platz schreiben sie auf, was ihnen dazu eingefallen ist und was ihnen wichtig ist. Besonders wirkungsvoll ist es, wenn die Kinder versuchen, entlang der Linien zu schreiben, die sie vorher gemalt haben.
Eine ruhige, entspannte Atmosphäre ist dabei sehr wichtig. In welcher Reihenfolge die Fragen beantwortet werden, spielt keine Rolle. Ebenso ist es unwichtig, ob die Kinder eine oder alle Fragen beantworten. Wichtig ist allein die gedankliche Auseinandersetzung mit dem Thema.
Abschließend können einige Kinder ihre Texte vortragen. Das sollte allerdings auf freiwilliger Basis geschehen, da die Texte sehr persönlich sind.

Weiterführende Literatur

HALBFAS, HUBERTUS: *Religionsunterricht in der Grundschule*. Lehrerhandbuch 3, Düsseldorf 1985: S. 431 ff. „Mit der Kirche gehen: Wege des Lebens".

HALBFAS, HUBERTUS: *Religionsunterricht in der Grundschule*. Lehrerhandbuch 4, Düsseldorf 1986: S. 495 ff. „Symbolverständnis: Labyrinth, Baum und Berg".

ITZE, ULRIKE, EDELGARD MOERS UND CHRISTINA SCHUPPE: *Auf dem Weg nach Bethlehem*, Donauwörth 2000: S. 38 ff.

CHARLOTTE WAGNER, 2002

DIE LINIE DES LEBENS
IST ALLES ANDERE ALS GERADE
MANCHMAL EIN BREITER WEG
MANCHMAL EIN SCHMALER PFAD
MANCHMAL STEIL MANCHMAL RUHIG
WIE LANGSAM FLIESSENDES WASSER
JEDER TAG IST VERSCHIEDEN
VOM VORHERGEGANGENEN
UND VOM NACHKOMMENDEN
JEDOCH VOLL VON ÜBERRASCHUNGEN
UND DENNOCH HAT ER SEINE
PRÄZISEN GESETZMÄSSIGKEITEN
IN JEDEM KLEINSTEN TEILABSCHNITT
DAS LEBEN IST DAS GRÖSSTE ABENTEUER
ES IST DIE GROSSE REISE
ES IST DER GROSSE WEG

Hundertwasser

Was meint Hundertwasser mit der „Linie des Lebens"?

Charlotte Wagner, 2002

Wie sieht deine bisherige Lebenslinie aus?

Charlotte Wagner, 2002

Was könnte ein „breiter Weg“,
was ein „schmaler Pfad“ sein?

Charlotte Wagner, 2002

Was ist an deinem heutigen Tag
anders als am gestrigen?

Charlotte Wagner, 2002

Welchen „präzisen Gesetzmäßigkeiten" folgt ein Tag?

Charlotte Wagner, 2002

Was weißt du über den morgigen Tag?
Was weißt du nicht?

Charlotte Wagner, 2002

Wenn das Leben eine
„große Reise“ ist,
was ist dann deren Ziel?

Charlotte Wagner, 2002

Kann auch der Weg
ein Ziel sein?
Wie?

Charlotte Wagner, 2002

Versteckspiel

Einen Bildausschnitt integrieren

Medien:

- weiße Karteikarten
- Wasserfarben, Pinsel
- DIN-A3-Blätter
- Klebstoff

Zeitbedarf: 2 Unterrichtsstunden

CHARLOTTE WAGNER, 2002

Thema und Intention

Da die Kinder mittlerweile einige Hundertwasser-Bilder kennen, sollte es ihnen nicht allzu schwer fallen, selbst ein Bild zu malen, das von Hundertwasser inspiriert ist. Ein kleiner Ausschnitt eines Bildes dient als Anfangshilfe, gibt aber auch die zu verwendenden Farben vor.

Ziele

- ein Bildelement, das von Hundertwasser inspiriert ist, malen
- geeignete Stelle für die Platzierung des Ausschnitts bestimmen
- passende Farbe wählen bzw. mischen
- dem vorgegebenen Linienverlauf folgend ein Bild entwickeln

Mögliche Vorgehensweise

Die Kinder erhalten jeweils eine Karteikarte und malen auf diese formatfüllend ein Bildelement, das von Hundertwasser inspiriert ist.
Die Bilder kommen in einen Beutel, aus dem sich anschließend jedes Kind eins zieht.
Erklären Sie den Kindern nun den Arbeitsauftrag: Jeder soll einmal versuchen, das Bildelement in ein großes Bild einzugliedern. Es ist besonders wichtig, zu betonen, dass es viele verschiedene Möglichkeiten gibt, das Element auf dem Bildträger zu platzieren. Bei der Malerei selbst ist es wichtig, die passenden Farben zu wählen bzw. zu mischen und dem vorgegebenen Linienverlauf folgend ein Bild zu entwickeln. Bei einer gelungenen Arbeit kann man den Übergang zwischen dem aufgeklebten Stück und der gemalten Umgebung kaum erkennen.

Die Kinder erhalten nun ein Bildelement. Bevor sie es auf das DIN-A3-Blatt kleben, sollen sie allerdings ausprobieren, wie ihr Ausschnitt an verschiedenen Stellen des großen Blattes wirkt. Wenn die Kinder geeignete Plätze für die Ausschnitte gefunden haben, kleben sie diese auf und malen das gesamte Blatt mit Wasserfarben an, wobei sie versuchen, den Ausschnitt möglichst gut zu „verstecken". Das gesamte Blatt soll farbig gestaltet werden, außerdem müssen die Kinder bei ihrem Bild auf eine eigene Komposition achten.

Wenn alle Bilder fertig sind, folgt die Reflexion. Hier ist es wichtig, dass die Kinder begründen, warum welches Bild gelungen ist:

- Wo ist das aufgeklebte Stück?
- Kann man es gut erkennen? Woran liegt das?
- Wurden die richtigen Farben gewählt?
- Sind die vorgegebenen Linien weitergeführt worden?
- Wie ist die gesamte Fläche gestaltet worden?

...

CHARLOTTE WAGNER, 2002

Winzigkeiten auf der Spur

Bildmontagen nach Hundertwasser

Vorlage:

- Regen im Haus (1961)
- Verlöschendes Haus (1962)
- Blut-Garten – Häuser mit gelbem Rauch (1962)

Medien:

- Bildmontagen (s. S. 40 f.)
- Wasserfarben
- DIN-A3-Blätter
- ca. 3–4 kleine Blätter (ca. 4 × 5 cm) pro Kind

Zeitbedarf: 2 bis 3 Unterrichtsstunden

Thema und Intention

Es gibt in dem Buch „Regentag" einige Bildmontagen mit Hundertwasser-Bildern. In ein Schwarzweißfoto, z. B. von einer Landschaft, wurde ein Hundertwasser-Bild eingebettet. Der Kontrast zwischen den Schwarzweißfotografien und den bunten Gemälden ist sehr reizvoll. Im Übrigen helfen sie dem Betrachter oft, die Hundertwasser-Bilder einzuordnen, sie vielleicht (ansatzweise) zu verstehen.
Die Kinder sollen aber nicht nur fremde Bilder betrachten, sondern sich einmal selbst Gedanken machen, was in ihren Bildern eigentlich wichtig ist und wie man etwas hervorheben kann.

Ziele

- mit Bleistift ein Landschaftsbild aus der Vogelperspektive malen
- Hundertwassers Bilder in einer Montage ansatzweise deuten
- überlegen, was im eigenen Bild wichtig ist und deshalb hervorgehoben werden sollte
- die Bilder den anderen Kindern erklären

Mögliche Vorgehensweise

Jedes Kind soll auf einem DIN-A3-Blatt nur mit Bleistift eine Landschaft (Felder, Straßen, Häuser …) aus der Vogelperspektive zeichnen. Die Schwierigkeit besteht für viele darin, sich die Dinge aus der Vogelperspektive vorzustellen.

CHARLOTTE WAGNER, 2002

Deshalb sollte man zuvor einige Beispiele an der Tafel festhalten, z. B. ein Haus, eine Straße usw. Zeigen Sie den Kindern nun ein Hundertwasser-Bild, das mittels der Montagetechnik mit einem Landschaftsbild kombiniert wurde. Die Kinder erkennen die Landschaftsfotografie, aber auch die einzige bunte Stelle, die ein Hundertwasser-Bild zeigt.

- Was ist auf dem Bild zu sehen?
- Was hat Hundertwasser gemalt?
- Warum war es Hundertwasser wichtig, gerade dieses Motiv so farbenfroh zu gestalten?
- Warum wurden ausgerechnet diese beiden Bilder zusammengefügt?
- Was soll dem Betrachter damit gesagt oder gezeigt werden?
- Wo ist der Bezug zur Fotografie?

…

Gemeinsam überlegen die Kinder, wie sie ihr Bild entsprechend verändern könnten. Hierzu werden Ideen an der Tafel gesammelt. Was möchte ich dem Betrachter besonders gerne zeigen? Welche „Winzigkeiten" erkennt man aus der Entfernung nicht, sind es aber wert, betrachtet zu werden? …

Nachdem sich jeder überlegt hat, was er besonders hervorheben möchte, gestalten alle ihre kleinen Blätter.
Die Platzierung der Zettel sollte mit den Kindern erarbeitet werden: Welche Stelle eignet sich und warum? Wo ist das große Bild reizlos oder leer? Wo bietet sich mein buntes Motiv inhaltlich an, d. h. ein Fisch passt nicht so gut auf die Straße, aber gut in den Fluss …
Abschließend werden die fertigen Bilder gemeinsam betrachtet und ansatzweise gedeutet, wie es vorher auch schon bei den Hundertwasser-Montagen geschehen ist. Evtl. erklären die Kinder ihre Arbeit selbst.

CHARLOTTE WAGNER, 2002

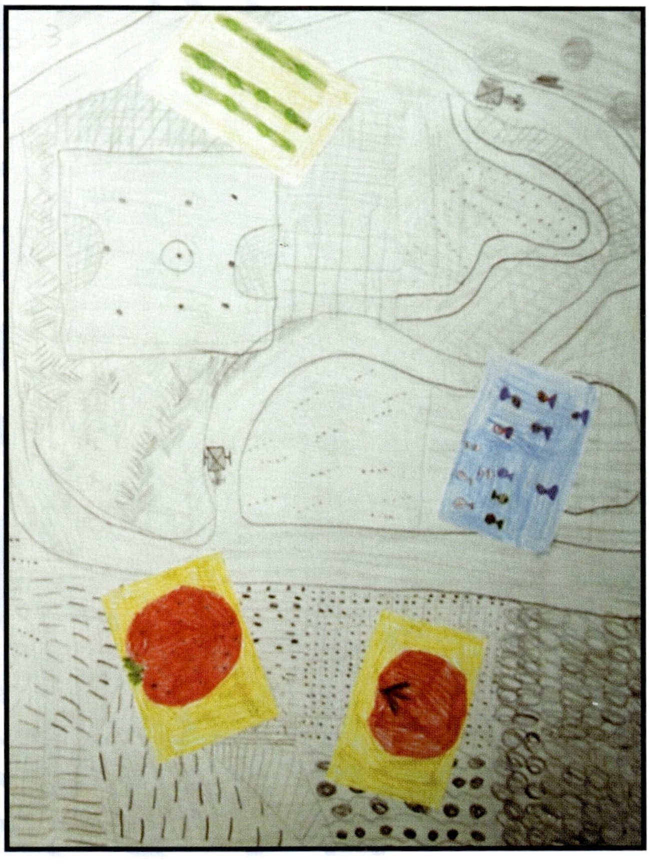

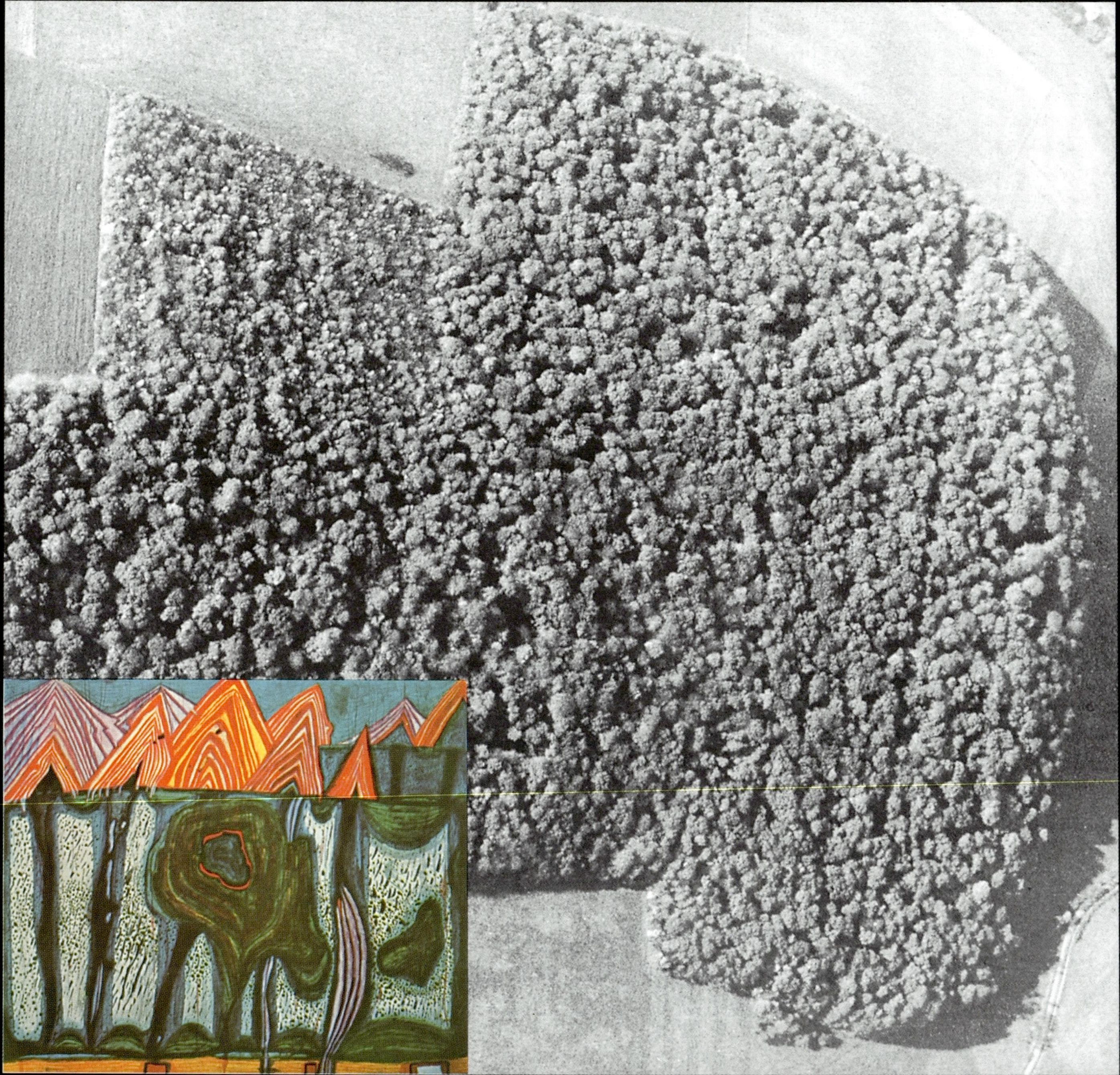

Hundertwasser

489 Regen im Haus, 1961

(Bildmontage aus dem Buch
„Regentag“, Ausschnitt;
Foto: Manfred Bockelmann
© J. Harel, Wien

Hundertwasser (526) Verlöschendes Haus, 1962
(Bildmontage aus dem Buch „Regentag“, Ausschnitt; Foto: Manfred Bockelmann)
© J. Harel, Wien

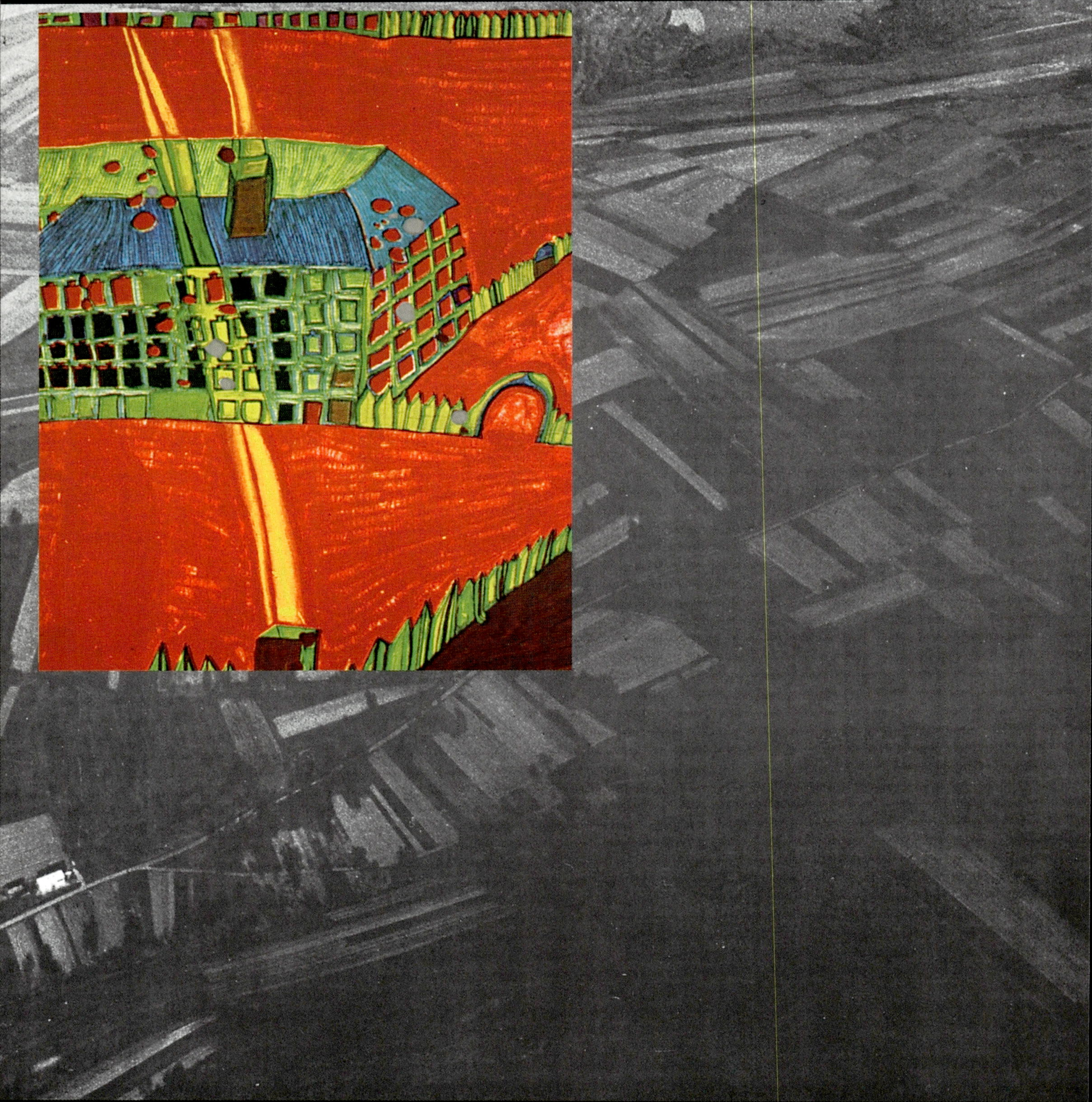

Hundertwasser (564) Blut-Garten – Häuser mit gelbem Rauch, 1962
(Bildmontage aus dem Buch „Regentag", Ausschnitt; Foto: Manfred Bockelmann)
© J. Harel, Wien

Spiralen aus Wolle

Spiral-Bilder kleben

Vorlage:

- Sonne über Tibet (1959) auf Folie, s. S. 27
- Das Ich weiss es noch nicht (1960) auf Folie, s. S. 28

Medien:

- Arbeitsblatt „Spiralen“ (s. S. 45)
- Wollreste
- Klebstoff, Schere
- schwarzes Tonpapier (Unterrichtsvorschlag A)
- runde Webrahmen (Unterrichtsvorschlag B)

Zeitbedarf: 3 bis 4 Unterrichtsstunden

CHARLOTTE WAGNER, 2002

Thema und Intention

Nachdem die Kinder einige von Hundertwassers „Spiral-Bildern“ kennen gelernt haben und sich auch deren Struktur genähert haben (z. B. S. 27 f.), sollen sie nun mit einfachen Mitteln selbst eine Spirale herstellen.
Neu ist bei dieser Aufgabe, dass die Kinder mit Wolle arbeiten. Sie können nicht wie beim Malen selbst die Farben mischen, die sie brauchen, sondern sie müssen sich auf das vorhandene Material einlassen.
Erfahrungsgemäß arbeiten die Kinder gerne mit Wolle. Sie fühlt sich gut an, ist weich und geschmeidig. Wolle besitzt einen hohen Aufforderungscharakter. Dieses Material wirkt auf die Kinder motivierend, etwas zu schaffen und kreativ damit umzugehen.

Ziele

- die Struktur von Hundertwassers „Spiralen“ untersuchen und erkennen, dass es keine mathematisch exakten Gebilde sind
- ausprobieren, welche Möglichkeiten es gibt, Spiralen zu zeichnen
- Wollfäden in Spiralen arrangieren und festkleben, dabei die erarbeiteten Kriterien beachten (Vorschlag A)
- den Rundwebrahmen adäquat benutzen (Vorschlag B)

Mögliche Vorgehensweise

Bevor die Kinder selbst versuchen, eine „Spirale“ herzustellen, muss erarbeitet werden, wie

Hundertwassers „Spiralen" eigentlich aussehen. Hierzu sollten Sie einige Hundertwasser-Bilder zeigen. Nach einigen Minuten der stillen Betrachtung werden zunächst einmal alle Beiträge gesammelt. Dabei stellt sich schon heraus: So ganz regelmäßig ist da eigentlich nichts! Was aber zeichnet diese Strukturen aus? Die Kinder erkennen: keine Regelmäßigkeiten, nichts mathematisch Exaktes, beschränkte Farbwahl usw.

Nachdem einige wesentliche Merkmale im Plenum herausgearbeitet wurden, soll jedes Kind einmal selbst erproben, welche Möglichkeiten es gibt, spiral-ähnliche Gebilde zu zeichnen. Hierzu bearbeitet jedes Kind das Arbeitsblatt „Spiralen" (s. S. 45), auf dem es sich mit den verschiedenen Möglichkeiten, eine „Spirale" zu malen, beschäftigt. Die vierte Aufgabe des Arbeitsblattes ist wichtig im Hinblick auf die nun folgende praktische Arbeit.

Zwei Möglichkeiten für die praktische Arbeit werden im Folgenden vorgestellt. Man kann natürlich auch beide Möglichkeiten anbieten, sodass jedes Kind sich nach seinem Vermögen und nach seinem Belieben für eine der beiden Arbeitsweisen entscheiden kann.

Unterrichtsvorschlag A:

Die Kinder kleben Wollfäden auf schwarzen Tonkarton. Dafür sollen sie sich im Vorfeld für einige wenige Farben entscheiden. Außerdem sollten sie eine grobe Skizze anfertigen. Diese Skizze kann man auch direkt auf den Tonkarton zeichnen, der nicht größer als DIN A4 sein sollte. Besonders gut wirkt auch ein ungewöhnliches Format, also z. B. 20 × 40 cm, oder ein Quadrat.

Zu Beginn sollte man die Kinder darauf hinweisen, dass sie den Klebstoff auf das Papier und nicht auf die Wolle auftragen sollen. Welche Wolle man wählt, ist vollkommen egal. Die Bilder werden jedoch stärker im Ausdruck, wenn man die Wollqualitäten mischt, d. h. dicke und dünne Wolle, glatte und aufgeraute Fäden. Auch „Märchenwolle" eignet sich. So ergeben sich die nötigen Unregelmäßigkeiten fast wie von selbst.

Unterrichtsvorschlag B:

Die Kinder weben Bilder.

Es gibt runde Webrahmen, die sich hierfür hervorragend eignen. Stehen diese nicht zur Verfügung, können Sie auf runde Pappscheiben zurückgreifen, die an den Rändern in gleichmäßigen Abständen eingekerbt werden. Hier werden die Kettfäden eingespannt.

Die Kinder sollen auch hier vorher eine Farbauswahl treffen. Eine Skizze ist hier nicht ganz so wichtig, weil der Webrahmen die Spiralstruktur weitgehend vorgibt. Das bedeutet natürlich auch, dass man bei dieser Arbeitsweise wesentlich eingeschränkter ist. Dem gegenüber steht natürlich der Spaß, den die Kinder erfahrungsgemäß beim Weben haben. Außerdem sind handwerkliche Fähigkeiten gefordert, die nicht beim Kleben, wohl aber beim Weben wichtig sind: Webrahmen bespannen, Nadel einfädeln, den Faden nicht zu fest und nicht zu locker anziehen …

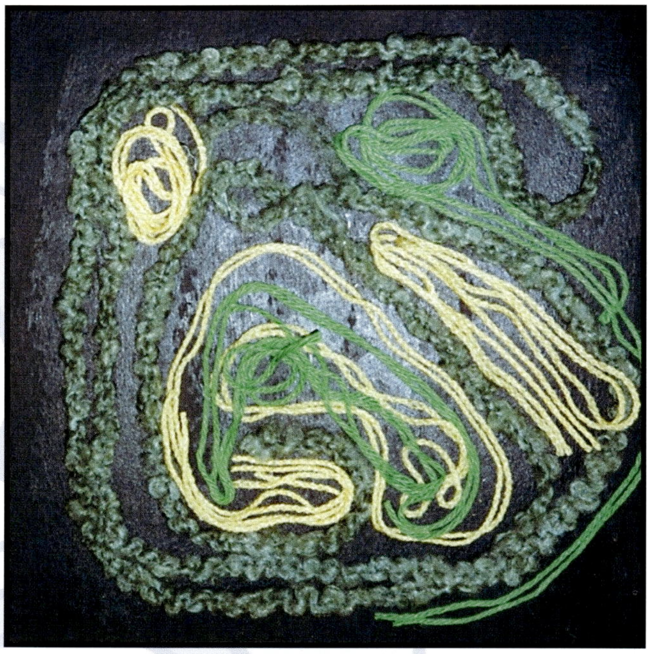

CHARLOTTE WAGNER, 2002

Spiralen

1. Zeichne mehrere Spiralen. Lasse sie jeweils an einer anderen Stelle beginnen (oben, unten, links, rechts).

2. Zeichne eine Spirale, die dort endet, wo sie auch begonnen hat.

3. Zeichne Spiralen, die jeweils eine andere Unregelmäßigkeit aufweisen.

4. Markiere die zwei Spiralen, die dir am besten gefallen!

Charlotte Wagner, 2002

Malen mit Fäden

Sticken von Spiral-Motiven

Vorlage:

- Sonne über Tibet (1959) auf Folie, s. S. 27
- Das Ich weiss es noch nicht (1960) auf Folie, s. S. 28

Medien:

- schwarzer Baumwollstoff, ca. 45 × 85 cm pro Kind
- bunte Stickgarne (Reste!)
- Schere
- Sticknadeln mit breitem Öhr und ohne Spitze!
- evtl. Stecknadeln, Nähnadeln und schwarzer Zwirn
- evtl. Druckknöpfe oder Reißverschlüsse

Zeitbedarf: 6 bis 8 Unterrichtsstunden

CHARLOTTE WAGNER, 2002

Hinweis

Stoff: Es gibt eine unendliche Vielfalt an Stoffen, was die Auswahl des „richtigen" nicht unbedingt einfach macht. Entscheiden Sie sich für einen Baumwollstoff, der nicht zu locker gewebt ist, damit er strapazierfähig ist. Er darf aber auch nicht so dick sein, dass man Mühe hat, mit einer Nadel hindurchzustechen. Außerdem sollte er eine glatte Oberfläche haben. Achten Sie auch auf die Breite des Stoffes, damit Sie nicht zu viel Verschnitt haben.
Ein solcher Stoff muss übrigens auch nicht teuer sein. Die Kosten für die Kissen, die in meiner Klasse hergestellt wurden, beliefen sich jeweils auf ca. 2,– €.
Bevor Sie die Stoffstücke an die Kinder verteilen, sollten Sie unbedingt den Rand sichern, um ein Ausfransen zu verhindern. Wenn Sie eine Nähmaschine haben, nähen Sie einmal im Zickzackstich um jedes Stoffstück herum. Hierbei sind vielleicht auch einige Eltern bereit mitzuhelfen.

Garn: Es eignen sich alle Garne für diese Arbeit, die glatt und nicht zu dick sind. Probieren Sie aus, ob man den Faden gut einfädeln kann und ob er sich leicht durch den Stoff ziehen lässt. Perlgarn z. B. erfüllt diese Bedingungen und leuchtet außerdem schön. Interessant wirkt auch Jaquard-Garn, das in seinem Verlauf die Farbe wechselt.

Ziele

- beim Sticken die erarbeiteten Punkte beachten (s. S. 47)
- Kreativität und Fantasie entwickeln
- den feinmotorischen Anforderungen gerecht werden

Thema und Intention

Nachdem die Kinder bereits mit Wolle gearbeitet haben (s. S. 43 ff.), haben sie ein Gefühl für textiles Material entwickelt. Sowohl beim Kleben als auch beim Weben haben sie Eigenschaften der Wolle kennen gelernt. Dieses neu erworbene Wissen ist in dem nun folgenden Angebot sehr hilfreich. Auch hier motiviert das Material dazu, spielerisch neue Wege in der Kunst zu entdecken.

Sticken ist eine Kunst, die schon in den alten Hochkulturen gepflegt wurde, z. B. bei den Ägyptern. Im Mittelalter erlebte dieses Handwerk einen Höhepunkt. Besonders die höfische und kirchliche Kunst kann man immer noch in Museen bewundern. Daneben stand die Volkskunst, die aber nicht minder faszinierend ist. Neben bestimmten festgelegten Sticharten gibt es auch die Kunst des freien Stickens, bei der es nicht auf exakt ausgeführte Stiche ankommt. Diese Art der Stickerei steht bei dieser Gestaltungsaufgabe im Vordergrund.

Da das Sticken langsam vorangeht und es den Kindern erfahrungsgemäß oft schwer fällt sich über einen längeren Zeitraum konzentriert mit einer Handarbeit zu beschäftigen, sollten Sie lieber mehrere kurze Unterrichtsphasen einplanen anstelle von wenigen langen.

Möglicher Unterrichtsverlauf

Betrachten Sie mit den Kindern die Bilder mit den Spiral-Motiven und/oder die selbst gemalten Bilder aus Zuckerkreide und rufen Sie noch einmal ins Gedächtnis, was in vorhergehenden Stunden dazu besprochen wurde (vgl. S. 25 ff.).

Nach dieser kurzen Wiederholung holen Sie die Kinder in den Sitzkreis. Legen Sie den Stoff, die bunten Garne und die Nadeln so aus, dass alle sie sehen können. Gemeinsam wird nun erarbeitet, was man beim Sticken beachten muss. An der Tafel werden die wichtigsten Punkte festgehalten:

- den Faden ca. 50 cm lang abschneiden
- den Faden weit genug durch das Öhr ziehen
- aufpassen, dass man nur eine Stofflage durchsticht
- den Faden nicht zu fest anziehen, aber auch nicht zu locker hängen lassen
- möglichst gleichmäßige Stiche machen
- am Anfang und am Ende eines Fadens ein Stück zum Vernähen hängen lassen
- immer auf der gleichen Seite anfangen

Es ist überaus wichtig, dass Sie die Dinge, die es zu beachten gilt, nicht nur nennen (lassen), sondern dass Sie auch praktisch vorführen, wie man stickt und wo die Tücken liegen. Dies ist anschaulicher als eine umständliche Erklärung.

Wenn einige Grundsätze des Stickens erörtert worden sind, weisen Sie die Kinder auf den Stoff hin. Die Kinder sollen überlegen, was man mit dem bestickten Stoff machen kann. Vermutlich werden sie mehrere Verwendungsmöglichkeiten nennen, darunter sicherlich die „Tischdecke". Das Format ist so gewählt, dass man auch einen Kissenbezug daraus herstellen kann. Jedes Kind soll sich für eine der genannten Verwendungsmöglichkeiten entscheiden.

Nun bekommt jedes Kind erst einmal ein Stück Stoff und eine Nadel ausgehändigt und schneidet sich einen Faden des gewünschten Garns ab. Das Einfädeln ist für einige Kinder schon eine schwierige Übung. Erfahrungsgemäß helfen sich die Kinder aber gerne gegenseitig.

Bevor es nun losgeht, erklären Sie den ersten Arbeitsschritt: Gestickt wird im so genannten Vorstich. Dieser ist eigentlich fadengebunden, d.h. man zählt beim Stickstoff die Fäden aus, damit er gleichmäßig wird.

Hier jedoch wird er frei gestickt, was zum einen durch den Stoff bedingt ist, zum anderen durch die Intention, ohne Vorgaben und frei (wie Hundertwasser) zu arbeiten. Dennoch sollten die Kinder darauf achten, dass die Stiche möglichst gleichmäßig und nicht zu groß sind.

Abhängig vom Leistungsniveau Ihrer Klasse kann es von Vorteil sein, wenn Sie für einige Kinder die Stickereien schon vorbereiten, indem Sie die jeweils ersten Stiche tätigen. So helfen Sie den Kindern über die Anfangsschwierigkeiten hinweg und verschaffen sich selbst ein wenig Freiraum, um anderen zu helfen.

Zunächst sollen die Kinder versuchen, eine Linie im Vorstich zu sticken, wobei diejenigen, die sich für die Herstellung eines Kissens ent-

CHARLOTTE WAGNER, 2002

schieden haben, nur die Hälfte des Stoffes, nämlich die Motivseite, besticken sollten. Außerdem müssen alle darauf achten, dass sie nicht zu nahe am Stoffrand sticken, weil hier ja noch gesäumt werden muss.
Wenn diese Linie die gewünschte Länge erreicht hat, folgt der nächste Arbeitsschritt: Die Kinder ziehen einen weiteren Faden im Slalom durch die Vorstiche. So erhält man sehr schnell attraktive Muster.
Nun erfinden die Kinder selbst weitere Stickmethoden. Sie sollen sich spielerisch von den Materialien leiten lassen. Sie können natürlich auch Anregungen geben, wie man weitere Muster erzielt. Interessant wirken z. B. die folgenden Stiche:

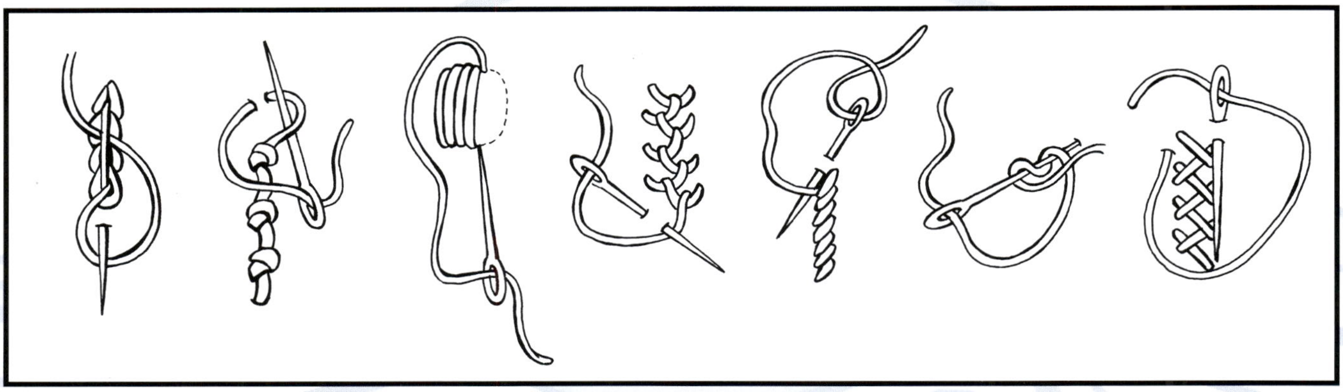

Ansprechend ist auch die Perlenstickerei, die man hier mit einbringen kann. Während der vielen Stickphasen sollten Sie die Kinder immer wieder in den Sitzkreis rufen, um die bisherigen Stickereien zu zeigen und zu würdigen. Außerdem sehen die Kinder, was andere gestickt haben und bekommen so neue Anregungen.
Wenn die Stickarbeiten abgeschlossen sind, werden Tischdecken gesäumt, Kissenbezüge zusammengenäht usw. Die Tischdecken kann man zusätzlich mit einer Bordüre versehen. In die Kissenbezüge müssen Reißverschlüsse einoder Druckknöpfe aufgenäht werden.
Hier würde ich nur geschicktere Kinder dazu anleiten ihr Werk selbst abzuschließen. Die Mehrzahl der Arbeiten stellen Sie mit der Nähmaschine fertig.
Vielleicht sind auch hierbei Eltern bereit zu helfen.

CHARLOTTE WAGNER, 2002

Fantastische Häuser

Wir bauen eine Hundertwasser-Stadt

Vorlage:

- Hundertwasser-Haus (1983–1986) auf Folie

Medien:

- „Gewöhnliches" Haus (s. S. 53)
- Arbeitsblatt „Verschiedene Häuser" (s. S. 54)
- für jedes Kind einen Schuhkarton o. Ä.
- Pappe, weißes Papier, kleinere Schachteln …
- Klebstoff, Tacker, Schere
- Wasserfarben und Pinsel
- Fenster-Vorlage (s. S. 55, evtl. vergrößern bzw. verkleinern)
- schwarzer Filzstift, gelber Buntstift

Zeitbedarf: 6 bis 8 Unterrichtsstunden

Thema und Intention

Neben der Malerei ist Hundertwasser auch für seine außergewöhnliche Architektur bekannt. Die nächsten Vorschläge sollen dem Rechnung tragen.
Die folgende Arbeit ist sehr zeitaufwändig! Sie sollten mindestens sechs Unterrichtsstunden einplanen. Die Ergebnisse sprechen allerdings auch für sich!
Man sollte sich gut überlegen, ob man die Kinder nicht mit Partner oder sogar in Gruppen arbeiten lässt.

Ziele

- Hundertwassers Architektur beschreiben und erkennen, was ungewöhnlich ist
- aus Karton das Modell eines Hauses bauen, dessen Form ungewöhnlich ist
- das Modell inspiriert von Hundertwasser mit Fenstern bekleben und bemalen

Charlotte Wagner, 2002

Mögliche Vorgehensweise

Die Kinder betrachten Fotografien vom „gewöhnlichen" Haus und vom HUNDERTWASSER-HAUS in Wien und vergleichen diese.

- Was ist „gewöhnlich", was erscheint dir ungewöhnlich?
- Was unterscheidet Hundertwassers Haus von denen, die wir kennen?
- Welche Elemente, Formen und Farben benutzte Hundertwasser?

Lassen Sie die Kinder die Ergebnisse des Unterrichtsgesprächs auf dem Arbeitsblatt „Verschiedene Häuser" (s. S. 54) festhalten. So muss jeder noch einmal über das Gesagte nachdenken, wodurch es sich besser einprägt.
Holen Sie die Kinder nun in den Sitzkreis, in dessen Mitte ein Schuhkarton und Pappreste liegen. Dieser stumme Impuls reicht aus, um die Kinder dazu anzuregen, selbst ein „fantastisches Haus" zu bauen. Die vorhandenen Materialien werden gesichtet und verteilt und wenn Sie sich für eine Partner- oder Gruppenarbeit entscheiden, sollten Sie jetzt die Paare und/oder Gruppen festlegen.
Jedes Kind überlegt sich, wie „sein" Haus aussehen soll und fertigt evtl. eine Zeichnung an. Aus dem Schuhkarton und weiteren Pappstücken versucht nun jeder, den „Rohbau" seines Hauses zu erstellen. Die Form soll natürlich möglichst ungewöhnlich sein.
Hierfür sind eine Menge Kleber und viele Tackerklammern nötig. Dieser Teil der Arbeit erfordert Geschick, Geduld und Ruhe.
Wenn die Form des Hauses soweit fertig ist, wird das komplette Gebäude mit weißem Papier beklebt, damit man es anschließend besser bemalen kann.
Alternativ kann man die Kartons auch mit Pappmaschee bekleben. Das ist vielleicht etwas aufwändiger, dafür kann man aber auch ausgefallenere Fassaden gestalten.
Vielleicht mögen auch einige Kinder gerne einen Turm mit einer typischen Zwiebelspitze anfertigen. Diese Arbeit verlangt zum einen abstraktes Denken und zum anderen viel Geschick. Man kann mit Pappformen arbeiten, die miteinander verzahnt werden, mit Pappmaschee oder auch mit Drahtgestellen, die dann beklebt werden. Da die Herstellung der Turmspitze schwierig ist, sollte man vielleicht nur die schnellen bzw. leistungsstarken Kinder dazu anregen.

CHARLOTTE WAGNER, 2002

Kopieren Sie die „Fenster-Vorlage" (s. S. 55) mehrmals, sodass jedes Kind so viele Fenster zur Verfügung hat, wie es benötigt. Auf das nun weiße Haus werden zunächst Fenster aufgeklebt. So stimmen die Proportionen. Hiermit haben die Kinder nämlich erfahrungsgemäß Probleme. Die Fenster müssen bei dieser Aufgabe nicht exakt in Reihen angeordnet sein, denn: „Fenster in Reih und Glied sind traurig, Fenster müssen tanzen können"[9].
Anschließend überlegt sich jedes Kind, wie es sein Haus bemalen will. Wiederum können die Kinder gegebenenfalls eine Skizze anfertigen. Zunächst werden schwache Hilfslinien (mit gelbem Buntstift) gezogen, dann geht jeder mit Wasserfarbe ans Werk.

Abschließend werden einzelne Konturen mit schwarzem Filzstift nachgezogen.
Ganz zum Schluss kann man die Dächer noch bepflanzen. Hierfür eignet sich z. B. Kresse gut, da sie schnell und nicht zu hoch wächst.

9 Hundertwasser in: KunstHausWien, S. 16

Die fertigen „Hundertwasser-Häuser" bilden zusammen eine ganze „Hundertwasser-Straße" bzw. eine Hundertwasser-Stadt" und geben ein sehr dekoratives Bild ab.

Wie immer schließt auch diese Arbeit mit einer Reflexion ab.

Mögliches Tafelbild

„gewöhnliches" Haus	**Hundertwasser-Haus**
• senkrechte und waagerechte Linien, nur Geraden (außer Dach)	• kaum Geraden
• nur rechte Winkel (außer Dach)	• viele Bögen und Rundungen
• scheint genau berechnet	• scheint zufällig so „gewachsen" zu sein
• wenige Farben	• bunt, schillernd
• wirkt „gewöhnlich"	• wirkt lustig
• kommt häufig vor	• ist selten

CHARLOTTE WAGNER, 2002

Hundertwasser-Haus, Wien, 1983–1986
Foto: Hubert Klug

„Gewöhnliches“ Haus

Verschiedene Häuser

1. Skizziere ein „gewöhnliches" und ein „fantastisches" Haus!

„gewöhnliches" Haus

„fantastisches" Haus

2. Beschreibe in Stichpunkten, was dir an dem einen oder anderen besser gefällt!

3. Würdest du gerne in dem Hundertwasser-Haus leben? Warum (nicht)?

4. Zeichne zwei Details, die dir besonders gefallen!

Charlotte Wagner, 2002

Fenster-Vorlage

Verrückte Möbel

Möbel entwerfen und zu einer Collage zusammenkleben

Vorlage:

- Fassadenplan (1985) als Plakat

Medien:

- Möbelkataloge
- „Möbel-Vorlage“ (s. S. 59, schwach und evtl. vergrößert kopiert)
- Wasserfarben, Pinsel
- Wachsmalstifte
- Klebstoff, Schere

Zeitbedarf: 2 bis 3 Unterrichtsstunden

CHARLOTTE WAGNER, 2002

Hinweis

Plakat: Kopieren Sie das Bild des Fassadenplanes (s. S. 58) auf Folie und projizieren Sie dieses Bild auf ein möglichst großes leeres Blatt (z. B. Tapetenbahn). Nun können Sie einfach die wichtigsten Linien aufzeichnen. Anschließend malen Sie die Zeichnung (wenn Sie möchten) noch bunt aus. An einigen Stellen schneiden Sie das Plakat so ein, dass man Teile des Hauses wegklappen kann (wie bei einem Adventskalender). Hinter diese „Türen“ kleben Sie weiße Blätter, auf die später die gemalten Möbel geklebt werden.

Thema und Intention

Nachdem die Kinder sich mit Hundertwassers Architektur beschäftigt haben, soll es nun um die Einrichtung seiner Häuser gehen. Sollte man Fotos von Hundertwasser-Möbelstücken haben, kann man diese natürlich an entsprechender Stelle im Unterrichtsgeschehen zeigen. Sie sind aber nicht unbedingt erforderlich.

Ziele

- überlegen, wie Möbel in dem Hundertwasser-Haus aussehen könnten
- Fantasie bzgl. der Farben und Formen entwickeln und diese in den eigenen Gestaltungsversuchen umsetzen
- abgebildete Möbel verändern
- die fertigen Bilder in das Hundertwasser-Haus einordnen

Mögliche Vorgehensweise

Hängen Sie das große Plakat auf, auf dem das Hundertwasser-Haus abgebildet ist. Einige Wände kann man zur Seite klappen, sodass man in die „Räume" hineinsehen kann (vgl. S. 56). Die Kinder sehen schnell, dass die Räume leer sind, also von ihnen eingerichtet werden müssen.
Nun überlegen die Kinder gemeinsam, wie die von Hundertwasser entworfenen Häuser wohl von innen aussehen und mit welchen Möbeln man diese einrichten könnte bzw. wie Möbel aussehen müssten, damit sie zu Hundertwassers Häusern passen. Halten Sie die Kriterien an der Tafel fest, die die Kinder für notwendig erachten.
Nun wird gemeinsam an der Tafel eine Sammlung von Möbeln erstellt, die jeder zu Hause hat. Einigen Sie sich mit den Kindern darauf, dass nicht alle möglichen Möbelstücke aufgelistet werden, sondern eine Auswahl getroffen wird.
Aus Katalogen werden Bilder von Möbeln ausgeschnitten (oder die Kopien genommen). Gemeinsam überlegen die Kinder, wie man diese Möbel verändern könnte. Hierbei soll es sowohl um die Farbe als auch um die Form gehen: keine Regelmäßigkeiten, keine rechten Winkel, viele Farben, Asymmetrien usw.
Jedes Kind bekommt ein Bild eines Möbelstücks und übermalt dieses mit Wasserfarbe oder Wachsmalstiften so, wie es sich „sein" Möbelstück vorstellt. Weil die Bilder meist recht klein sind, kann jedes Kind auch mehrere Möbelstücke bearbeiten, vielleicht sogar ein ganzes Zimmer. Regen Sie die Kinder auch dazu an, verschiedene Möbelstücke frei zu malen. Die Kopiervorlage ist nur als Hilfe gedacht. Vermutlich wollen einige auch Möbelstücke malen, zu denen es keine Vorlage gibt, wie z. B. Lampen.
Wenn die Möbel ein neues Aussehen erhalten haben, werden sie in das „aufgeschnittene" Haus hineingeklebt. Man kann auch in Gruppen mehrere kleine Häuser erstellen oder aber auch jedes Kind ein eigenes aufklappbares Haus gestalten lassen. Das wird dann allerdings mehr Zeit in Anspruch nehmen.

CHARLOTTE WAGNER, 2002

Mögliches Tafelbild

Möbel:		Darauf muss ich achten:
Wohnzimmer: Sofa und Tisch Schrank Regal	**Schlafzimmer:** Bett Schrank	• nicht symmetrisch • keine geraden Linien • Bögen und Rundungen • bunt • evtl. mit Spiral-Motiven ...
Bad: Badewanne Waschbecken Toilette Dusche Schrank	**Küche:** Herd Kühlschrank Tisch und Stühle Spüle	
Garderobe		

Fassadenplan des Hundertwasser-Hauses, Wien, koloriert von Hundertwasser, c. 1985
(Planung: Architekten J. Krawina und P. Pelikan)

Möbel-Vorlage

Unsere Traumschule

Die Schule umgestalten

Vorlage:

- HUNDERTWASSER-HAUS (1983–1986) auf Folie

Medien:

- Fotografien der eigenen Schule (Außenaufnahmen)
- Kopien der Fotografien
- Wasserfarben und Pinsel

Zeitbedarf: 2 bis 3 Unterrichtsstunden

Thema und Intention

Hundertwassers Bilder sind in dem Buch „Regentag" fotografisch überblendet worden, d. h. man hat z. B. das Foto eines Schiffes mit einem Schiffsbild Hundertwassers überdeckt. Diese Technik brachte mich auf die Idee eigene Fotos übermalen zu lassen, da diese Technik von Kindern sehr gut umzusetzen ist. Man sollte Objekte dazu auswählen, die die Kinder gerne verändern wollen. Ich habe die Schule ausgewählt, weil alle Kinder einen Bezug zu ihr haben. Jeder kennt sie, jeder verbringt viele Stunden dort und manch einer wollte sie vielleicht wirklich schon einmal verändern. Wenn die Kinder die Architektur Hundertwassers kennen gelernt haben, wird es ihnen nicht schwer fallen ihre Schule umzugestalten. Und wer weiß – vielleicht lassen sich ja sogar einige Ideen praktisch verwirklichen!

Ziele

- verschiedene Gebäude miteinander vergleichen
- Hundertwassers Architektur beschreiben
- die eigene Schule „umgestalten"

CHARLOTTE WAGNER, 2002

- realistisch planen
- Fantasie bzgl. Farben und Formen entwickeln und diese in der eigenen Malerei umsetzen

Mögliche Vorgehensweise

Bringen Sie Fotos der Schule und Fotos von Hunderwasser-Häusern mit und stellen Sie diese einander gegenüber. Das kann z. B. geschehen, indem Sie sie an der Tafel nebeneinander aufhängen oder im Sitzkreis nebeneinander legen. Die Kinder vergleichen die Gebäude miteinander.

Im Unterrichtsgespräch wird nun geklärt:

- Welche Gebäude sind dargestellt?
- Was unterscheidet die Gebäude voneinander?
- Welche Farben und Formen wurden verwendet?
- Warum wirkt Hundertwassers Haus ansprechender?
- Welche Gebäudeteile wurden verändert?

...

Nachdem die Kinder verschiedene Ideen gesammelt haben, bekommt jedes Kind die Schwarzweißkopie der Schule. Da es verschiedene Fotos gibt, die die Schule aus unterschiedlichen Perspektiven oder aber Teile der Schule zeigen, bietet es sich an, hieraus eine Gruppenarbeit zu machen. Die Kinder, die das gleiche Foto gewählt haben, sollen zunächst darüber diskutieren, welche Veränderungen möglich

sind. Erst dann gehen alle ans Werk und übermalen die Kopie, wobei sie sowohl auf die Farbgebung als auch auf die Veränderung der Formen achten sollen. Sie müssen Fantasie bzgl. der Farben und Formen entwickeln und diese in der eigenen Arbeit umsetzen.

Wenn die Bilder fertig sind, werden sie gesichtet und kommentiert:

- Was ist gut bzw. weniger gut gelungen?
- Warum hat das Kind was wie verändert?
- Was ließe sich durch uns praktisch umsetzen?

Hier erscheint es mir besonders wichtig, eigene Erklärungen der Kinder einzufordern, damit diese die Versprachlichung üben.
Schön ist es, wenn die Entwürfe der Kinder mit den entsprechenden Erklärungen im Flur ausgestellt werden. Vielleicht bietet sich ja auch eine Wand zur Gestaltung an z. B. als Abschiedsgeschenk einer vierten Klasse. Hier können die Kinder dann verwirklichen, was sie vorher geplant haben.

CHARLOTTE WAGNER, 2002

Hundertwasser für die Freiarbeit

Domino, Memory & Co.

Die Materialien für die Freiarbeit verfolgen mehrere Ziele. Zum einen beschäftigen sich die Kinder mit Werken des Künstlers und lernen so einige kennen, die im Unterricht nicht besonders herausgestellt werden. Des Weiteren werden die Kinder zu genauem Hinsehen veranlasst, da sie sich mit den Bildern auseinander setzen müssen. Beim Lotto z. B. kommt es darauf an, an welcher Stelle die Bildteile hingelegt werden. Damit verbunden ist ein drittes Ziel, nämlich das Vergleichen von Bildern und Bildteilen. Über das genaue Hinsehen lernen die Kinder die Unterschiede bzw. die Eigenheiten und Details der Bilder kennen und unterscheiden.

Domino

Man braucht ca. 15 Postkarten oder (Farb-) Kopien mit Hundertwasser-Motiven. Diese werden halbiert und auf Karten geklebt, die etwas größer sind. Am wirkungsvollsten ist dies auf schwarzem Tonkarton. Beim Aufkleben wird immer eine Hälfte eines Motivs auf einer und die andere Hälfte des Motivs auf die nächste Karte geklebt.

Schwieriger ist es, wenn man die Titel der Bilder mit einbezieht.
Auch hier braucht man ca. 15 Bilder in ähnlicher Größe z. B. Postkartengröße. Außerdem braucht man Karten, die etwas größer sind. Wie oben empfehle ich schwarzen Tonkarton, aber auch jede andere kräftige Farbe wirkt gut. Auf die eine Seite der Karten klebt man das Hundertwasser-Bild, auf die andere schreibt man den Titel des folgenden Bildes.

CHARLOTTE WAGNER, 2002

Eine mögliche Spielregel ist, dass eine Karte offen hingelegt wird, während alle anderen Karten an die Spieler gleichmäßig verteilt werden. Reihum darf jeder eine Karte anlegen, wenn er denn eine passende hat. Wer zuerst keine Karte mehr hat, hat gewonnen.

Quartett

Ein Quartett-Spiel lässt sich recht schnell herstellen, wenn man einen Satz Postkarten mit Hundertwasser-Motiven hat.
Entweder man viertelt alle Karten oder man drittelt sie und auf eine vierte, leere Karte schreibt man den Titel des Bildes.

Eine mögliche Spielregel ist die folgende: Die Karten werden gleichmäßig an alle Spieler verteilt. Jeder muss nun versuchen, vier passende Karten zu bekommen. Dazu darf reihum jeder eine Karte bei seinem Nachbarn ziehen oder auch erfragen. Wer ein Quartett gesammelt hat, legt es offen hin. Wer die meisten Quartette auslegen kann, hat gewonnen.

Lotto

Man kopiert sechs Postkarten mit Hundertwasser-Motiven und klebt diese Kopie jeweils auf festeren Karton. Diese sind die Spielpläne für das Lottospiel.
Nun zerschneidet man die Postkarte oder eine weitere Kopie davon in sechs Teile.
Fertig ist das Lottospiel.

CHARLOTTE WAGNER, 2002

Eine mögliche Spielregel ist, dass jeder Spieler einen Spielplan bekommt. Alle Kärtchen liegen verdeckt aus. Reihum dreht jeder Spieler ein Kärtchen um. Wenn es zu seinem Spielplan passt, legt er es darauf ab, ansonsten wird es wieder verdeckt abgelegt. Wer zuerst seinen Spielplan voll hat, d. h. ein Motiv komplett hat, hat gewonnen.

Memory

Man benötigt etwa 15 Postkarten mit Hundertwasser-Motiven.
Da man für ein Memory-Spiel jeweils zweimal das gleiche Motiv bzw. zwei zueinander gehörende Motive braucht, kopiert man die Bilder und hat so Paare bestehend aus farbiger Karte und Schwarzweißkopie. Oder man fertigt zwei Kopien an und kann so die Karten noch für andere Zwecke benutzen.

Mögliche Spielregel: Alle Karten liegen verdeckt aus. Reihum deckt jeder Spieler zwei Karten auf. Passen sie zueinander, darf er das Pärchen behalten. Passen die beiden Teile nicht zusammen, werden sie wieder verdeckt abgelegt. Der Spieler mit den meisten Pärchen gewinnt.

Puzzle

Man benötigt ein Hundertwasser-Motiv in DIN-A4-Format oder größer. Hiervon fertigt man eine Schwarzweißkopie an. Das farbige Blatt wird in unregelmäßige Stücke zerteilt. Es stellt das Puzzle dar. Die Kopie dient den Kindern als Vor- oder Unterlage.

Eine Verwendung kann das Puzzle z. B. im Sportunterricht finden: An der einen Seite der Halle liegen zwei Puzzles aus, auf der anderen Hallenseite stehen zwei Mannschaften. Auf ein Startzeichen hin, laufen die jeweils ersten der Mannschaften los und holen ein Puzzleteil. Sobald sie wieder bei ihrer Mannschaft angekommen sind, laufen die zweiten los usw. Die Mannschaft, die als erste ihr Bild richtig zusammengesetzt hat, hat gewonnen. Natürlich kann man auch mit mehreren Mannschaften spielen.

CHARLOTTE WAGNER, 2002

3. Literaturangaben

Hundertwasser. *KunstHausWien,* Köln 1999
Hundertwasser. *Missing and Stolen Pictures,* Köln 1999
Hundertwasser. *Regentag*, München 1972
Itze, Ulrike, Edelgard Moers und Christina Schuppe: *Auf dem Weg nach Bethlehem*, Donauwörth 2000
Mathey, J. F.: *Hundertwasser,* München 1985
Pröschel, Susanne: *Picasso & Co.*, Donauwörth 2000
Rand, Harry: *Hundertwasser*, Köln 1991
Restany, Pierre: *Die Macht der Kunst. Hundertwasser, der Maler-König mit den fünf Häuten,* Köln 1998
Steinhage, A.: *Das Buch vom 20. April,* Gütersloh 1997

4. Platz für eigene Ideen

Charlotte Wagner, 2002

CHARLOTTE WAGNER, 2002

Kunstunterricht – kreativ und abwechslungsreich!

Unterrichtsideen für Ihren Kunstunterricht

Bergedorfer®

Kerstin Bommer/Angelika Hofmockel

Die bunte Kunstkartei

Grundschule
Bergedorfer® Schülerkartei
66 Karten, DIN A5, z. T. vierfarbig
Best.-Nr. **3903**

Diese umfangreiche Kartei für den Kunstunterricht bietet vielfältiges Aufgaben- und Anschauungsmaterial zu Themenbereichen ab dem 3. Schuljahr. Sie regt zum Ausprobieren der verschiedensten Arbeitstechniken an, bietet aber darüber hinaus auch einen großen Fundus an Hintergrundinformationen (Künstlerlebensläufe, Farbenlehre, Optik u. a.). Zahlreiche Bilder und Zeichnungen veranschaulichen die abwechslungsreichen Arbeitsaufträge auf kindgemäße Weise.
Viele farbige Abbildungen, z. B. zum Farbenmischen, zur Farbenlehre und zu Beispielen berühmter Kunstwerke, erleichtern die Arbeitsvorbereitung und motivieren die Schüler/-innen. Durch die fächer- und bereichsübergreifende Themenwahl sind die Karten jederzeit und vielseitig einsetzbar.

Farbübung – Pfau

Karl-Heinz Putzka

Zeichnen und Malen in der Primarstufe

50 Kopiervorlagen, DIN A4 Best.-Nr. **2085**

Die Vorlagen zum **Zeichnen und Malen** sind eine wertvolle Hilfe auch für Lehrer/-innen, die fachfremd Kunst unterrichten.
Mit vielen interessanten Anregungen, die dem Einfallsreichtum der Kinder keine Grenzen setzen und genügend Spielraum für die Entfaltung von Kreativität lassen.

Herbst

Peter Sommer

Farbiges Gestalten im Kunstunterricht

Kreative Ideen für alle Jahreszeiten
40 Kopiervorlagen, DIN A4,
mit Lehrerbegleitheft und farbigem Anschauungsteil Best.-Nr. **2367**

Tolle Ideen rund ums Jahr! Frühling, Sommer, Herbst und Winter bieten eine Fülle an Themen und Motiven für den Kunstunterricht – gerade in der Grundschule.
In dieser Mappe geht es um unterschiedlichstes Gestalten mit Farbe. Verschiedene Techniken wie Collage, Finger-, Pappkanten- oder Apfeldruck, Verblasen von Tusche, Gestalten mit Naturmaterialien, Malen/Zeichnen mit Wachsmalfarben und Tusche u. v. a. bieten eine breite Palette an Gestaltungsvorschlägen.

Bestellcoupon

Persen

Ja, bitte senden Sie mir/uns mit Rechnung

____ Expl. __________________ Best.-Nr. ______
____ Expl. __________________ Best.-Nr. ______
____ Expl. __________________ Best.-Nr. ______
____ Expl. __________________ Best.-Nr. ______

☐ Ja, bitte schicken Sie mir kostenlos Ihren aktuellen Gesamtkatalog zu.

Bestellen Sie bequem rund um die Uhr!
Telefon: 0 41 63/81 40 40
Fax: 0 41 63/81 40 50
E-Mail: info@persen.de

Bitte kopieren und einsenden an:

Persen Verlag GmbH
Postfach 2 60
D-21637 Horneburg

Meine Anschrift lautet:

Name/Vorname

Straße

PLZ/Ort

Datum/Unterschrift

E-Mail

Tolle Ideen zu allen Themen und Jahreszeiten!

Kopiervorlagen für Ihren Kunstunterricht

Bergedorfer®

Weidenkätzchen

Peter Sommer

Frühling im Kunstunterricht

40 Kopiervorlagen, DIN A4,
mit Lehrerbegleitheft
Best.-Nr. **2365**

Sonnenstrahlen des Frühlings im Kunstunterricht! Bunte Kieselsteine, farbenfrohe Blüten, Falter, Vögel und andere jahreszeitspezifische Themen werden hier kreativ bearbeitet. Die Begegnung und das Experimentieren mit vielfältigen bildnerischen Techniken stehen im Vordergrund. Besonders geeignet ab der 3. Klasse!

Wie ist Anton wirklich?

Peter Sommer

Gefühle gestalten im Kunstunterricht

40 Kopiervorlagen, DIN A4,
mit Lehrerbegleitheft
Best.-Nr. **2357**

In dieser Mappe finden Sie gestalterische Themen, die sich immer mit Gefühlen beschäftigen. Diese Auseinandersetzung hilft den Kindern Gefühle verbal äußern zu lernen und sich gestalterisch zu öffnen. Dabei lassen sich alle Sinne miteinbeziehen. Die Themen sind so aufgebaut, dass sie ab der 3. Klasse bearbeitet werden können, aber teilweise selbst in der 6. Klasse noch realisierbar sind.

Peter Sommer

Siehst du's?

Sehen und Erkennen im Kunstunterricht

40 Kopiervorlagen, DIN A4,
mit Lehrerbegleitheft Best.-Nr. **2358**

Das Wahrnehmungstraining zum genauen Beobachten im Kunstunterricht steht hier ganz im Vordergrund.
Darüber hinaus werden auch die verschiedenen Techniken der gestalterischen Umsetzung wie Zeichnung, Collage und Frottage erprobt. Ein abwechslungsreicher Streifzug durch die Bereiche Grafik und Malerei, Farbe und Form mit vielseitigen Aufgabenstellungen!

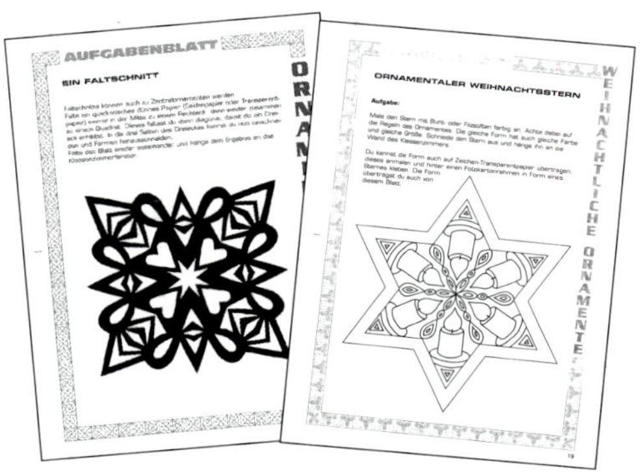

Petra Lange-Weber

Ornamente im Kunstunterricht

58 Kopiervorlagen, DIN A4 Best.-Nr. **2352**

Weihnachtliche Ornamente im Kunstunterricht

54 Kopiervorlagen, DIN A4 Best.-Nr. **2353**

Dekorative Ornamente gestalten die Kinder mit Hilfe dieser Mappen spielend leicht! Die Vorlagen helfen dabei, Regelmäßigkeiten zu erkennen, mit den optischen Möglichkeiten und Formen zu spielen und diese dann eigenständig in Ordnungszusammenhänge zu bringen.
Tolle und leicht umsetzbare Gestaltungsideen für die Vorweihnachtszeit finden Sie in der Mappe **Weihnachtliche Ornamente**. Ob Lebkuchenformen oder Sterne, diese Schmuckelemente zaubern eine schöne Adventsstimmung ins Klassenzimmer!

Bestellcoupon

Ja, bitte senden Sie mir/uns mit Rechnung

____ Expl. ____________________ Best.-Nr. ________

____ Expl. ____________________ Best.-Nr. ________

____ Expl. ____________________ Best.-Nr. ________

____ Expl. ____________________ Best.-Nr. ________

☐ Ja, bitte schicken Sie mir kostenlos Ihren aktuellen Gesamtkatalog zu.

Bestellen Sie bequem rund um die Uhr!
Telefon: 0 41 63/81 40 40
Fax: 0 41 63/81 40 50
E-Mail: info@persen.de

Bitte kopieren und einsenden an:

Persen Verlag GmbH
Postfach 260
D-21637 Horneburg

Meine Anschrift lautet:

Name/Vorname

Straße

PLZ/Ort

Datum/Unterschrift

E-Mail